LAURA SALM-REIFFERSCHEIDT

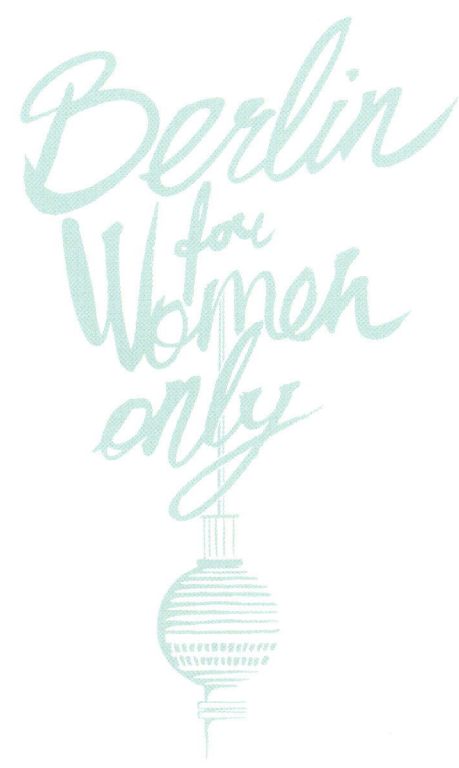

Berlin
for
Women
only

HERAUSGEGEBEN VON NICOLE ADLER

Brandstätter

Fotografien von

Julia Ossko

u. a.

—

Illustrationen von

Julia Ossko & Eugen Schulz

—

Redaktionelle Mitarbeit

Viktoria Solms

—

Beiträge von

Jackie A., Katharina Beckmann -
Niche Art & Architecture Tours, Mirna Funk,
Vera Herchenbach, Lena König,
Kavita Meelu, Katharina Nachtsheim,
Viktoria Solms, Zsuzsanna Toth

—

Graphic Design

Mitra Farahmand & Sylvia Gruber

BERLIN INSPIRIERT

Berlin hat seine eigene Ästhetik, die vom Unfertigen und dem ständigen Entstehen lebt. Die Stadt erlaubt fast alles und berauscht seine Bewohnerinnen mit einem Gefühl von Freiheit, denn der stetige Wandel ist die Essenz dieser Stadt, die ihren *„State of mind"* trotz allem nie verloren hat. Berlin hat das, was eine Metropole lebenswert macht: eine aufregende Kunstszene, eine reiche Theaterlandschaft, eine junge Gastronomie mit Einfallsreichtum und Geschmackssinn, fabelhafte Parks und Clubs – und Partynächte, die ihresgleichen suchen. Berlin hat Stil, und trotzdem kann hier jeder aussehen, wie er will.

Der *Berlin for Women*-Guide begleitet Sie durch diese bunte Stadt. Dafür haben wir Berlinerinnen und in Berlin lebende Frauen, die wie Mitglieder eines großen Ensembles jeden Tag und jede Nacht das Leben Berlins neu inszenieren, um ihre Tipps, Highlights und Lieblingsplätze gebeten. Wenn Sie wissen wollen, warum die Hauptstadt der perfekte Abenteuerspielplatz für Künstler, Designer und Kreative ist, warum der Himmel so hell leuchtet, wenn die Berlinale ihren Red-Carpet ausrollt, auf welcher Club-Terrasse man zur aufgehenden Sonne tanzt und warum die wegweisenden Concept-Stores jetzt im Westen Berlins sind, dann blättern Sie weiter. Vorliegender City-Guide von Frauen für Frauen will vor allem eines: Lust machen, die eigene Stadt mit neuen Augen zu sehen und mitunter Erstaunliches zu entdecken.

Ankommen und doch immer wieder aufbrechen, um auf Reisen zu gehen – was gibt es Schöneres. In diesem Sinne – viel Vergnügen!

Nicole Adler

Mode

BERLINS STIL IST EIGENWILLIG
UND VIELFÄLTIG UND ALLES
ANDERE ALS TYPISCH DEUTSCH.
DIE ILLUSTRE MODESZENE BRINGT
STÄNDIG NEUE TALENTE HERVOR.

DER STIL BERLINS ist so vielfältig wie seine Kieze. Im Vergleich zu modischen Strömungen, die das Stadtbild von Stockholm, Paris oder London prägen, sind die Looks in Berlin wie Flickenteppiche – bestehend aus den verschiedenen kulturellen Einflüssen. Eines ist offensichtlich: Das Verlangen, sich so eigenwillig wie möglich zu kleiden, sieht man den Berlinerinnen an. Gängige Trends ernten nur mäßig Begeisterung, die Modeszene besteht aus weit mehr als der Summe ihrer Konsumentinnen.

In nur zwei Jahrzehnten hat sich Berlin zu einem *Place to be* entwickelt. Kein Wunder: Nach dem Mauerfall 1989 musste sich die Stadt neu erfinden. Menschen unterschiedlichster Provenienz gingen nach Berlin, es boten sich unzählige Chancen und Freiräume, um Neues auszuprobieren – auch die Modebranche profitierte davon.

Als im Jahr 2003 die *Bread & Butter* nach Berlin zog, kamen nach und nach auch internationale Käufer und Modemenschen in die Hauptstadt. Zum vollständigen Erblühen der Berliner Mode-Idee kam es 2007, als die *Mercedes-Benz Fashion Week* ihre Zelte aufschlug und seither zweimal jährlich mit Shows und den obligaten Ausschmückungen aufwartet. Berliner-Street-Styles, Side-Events und Afterpartys wurden Jahr für Jahr schillernder und lauter.

Die jungen Designer, die die Stadt hervorbringt, können sich inzwischen auch über internationale Erfolge freuen: 2013 präsentierten *Kaviar Gauche* bei der Pariser Modewoche, das Designerduo *Achtland*, das mit einem rasanten Aufstieg und großartigen Kollektionen von sich reden macht, hat sich gerade Richtung London verabschiedet, und das an der Schnittstelle zur Kunst operierende Label *BLESS* ist seit Jahren international ein Begriff.

Wenn es um Shopping geht, sind Concept Stores in dieser Stadt besonders beliebt. Das ist kein Zufall, steht doch hinter der subjektiven Auswahl immer auch eine Persönlichkeit mit Stil. Allen voran *Andreas Murkudis*, der mit seinem Shop seit 2003 die Berlin-Mode-Idee mitgestaltet hat. Für seinen Store, mit dem er von Mitte in die Potsdamer Straße umgezogen ist, wählt der Grieche jedes einzelne Produkt selbst aus. Sein Sortiment: von der *Céline*-Handtasche über Obstbrand vom Bodensee, Kosmetik von *Aesop* bis hin zu den neuesten Kollektionsteilen von *Yohji Yamamoto*, *Dries van Noten* und *Lutz Hülle*.

Vergleichbar sind der Luxux-Concept-Store *The Corner* und für ein jüngeres Publikum der *Voo Store*. Der Shop in einem Hinterhof

ANDREAS MURKUDIS

VOO STORE

BAERCK

der multikulturellen Oranienstraße in Kreuzberg hat seit Jahren Kultstatus, was nicht zuletzt dem Tiroler Herbert Hofmann zu danken ist, der Einkauf und Kreativdirektion leitet und mit seiner fabelhaften Auswahl regelmäßig ins Schwarze trifft. Skandinavische Lieblingsstücke von *Acne* und *Stutterheim*, junge Designermode aus Berlin und Wanderrucksäcke aus Tirol gesellen sich zu Interioraccessoires, einer klug kuratierten Magazinauswahl und exzellentem Kaffee. Gründe genug, an einem Samstagnachmittag ausschließlich diese Adresse anzupeilen.

Als Gegenströmung zu Berlins rastlosem und kulturübergreifendem Charme wächst die Zahl an Designern, deren Entwürfe man durchaus als sauber und minimalistisch bezeichnen kann. Zu den Modemachern, die diesen Purismus zelebrieren, gehören *Vladimir Karaleev*, *Hien Le* und das Designerduo *Perret Schaad*. Ihre Kreationen zeigen, dass die moderne Kosmopolitin auch in Unaufdringlichkeit gehüllt beeindrucken kann.

Und das zu Recht. Es ist schwer geworden, in Berlin mit seinem Look noch zu überraschen; die Clutch wird regelmäßig gegen Rucksack getauscht, der Seidenblazer liebäugelt mit sportiver Funktionskleidung, und das Logo-Shirt schmiegt sich bereitwillig zum selbstgenähten Hosenrock. *Martin Niklas Wieser* macht es vor: Für seine Damen- und Herrenkollektion arbeitet der junge Designer mit einer breiten Materialpalette und lässt sich mit seinen Entwürfen in kein Genre einordnen.

Die Kreationen der aufstrebenden Designerin *Nhu Dong* sind die progressive Übersetzung des Berliner Stils. Die Kreationen der gebürtigen Vietnamesin, die von Glitzerstoffen über transparente Catsuits reichen, beweisen: Alles kann, nichts muss getragen werden.

Nur eines sollte der modeaffine (Wahl-)Berliner stets: auf alles vorbereitet sein. — ZSUZSANNA TOTH

BLUSH

Kreationen der „Ateliers de Production et de Création" in den eigenen Schrank zu befördern. Wer auf der Suche nach hochwertigen Basics und smarten Details ist, wird bei A.P.C. sicher fündig. Eine weitere Filiale ist in Mitte (Mulackstraße 35d). *Fasanenstraße 22d, Tel.: 030/88708544, www.apc.fr, Öffnungszeiten: Mo-Fr 11.30-19.30 Uhr, Sa 12-18 Uhr*

Paula Immich
Den Blick auf die Nonkonformität der Hauptstadt gerichtet, kombiniert die Berliner Designerin hochwertige Materialien und experimentelle Schnitte auf eine außerordentlich tragbare Weise. Die Kollektionen sind im Onlineshop erhältlich oder im Salon-Atelier nach Vereinbarung. *Nürnberger Straße 17, Tel.: 030/ 46776030, concierge@paulaimmich.de, www.paulaimmich.de*

Shops

CHARLOTTENBURG / WILMERSDORF

& other Stories
Das neueste Mitglied der schwedischen H&M Familie bietet mit seiner breiten Produktpalette, die von Beauty über Magazine bis hin zu Mode reicht, für jeden Stil den perfekten Look. Labels wie Nike oder Dr. Bronner finden in den & other Stories-Palästen ebenfalls ihren Platz. Zwei weitere Filialen gibt es in Mitte (Neue Schönhauser Straße 15 und Friedrichstraße 83). *Kurfürstendamm 234, Tel.: 030/ 88726913, www.stories.com, Öffnungszeiten: Mo-Do 10-20 Uhr, Fr 10-21 Uhr, Sa 10-20 Uhr*

A.P.C.
Zum großen Glück der Berliner muss man nicht weit reisen, um die fantastischen

Van Nord
Klare Schnitte und Farben bestimmen die geradlinige Kollektion von Van Nord. Der Shop bietet eine besondere Kuration an Mode- und Einrichtungsmarken aus Deutschland, den Niederlanden, Frankreich und natürlich Skandinavien. *Grolmanstraße 30/31, Tel.: 030/ 88768972, www.vannord.com, Öffnungszeiten: Mo-Fr 11-19 Uhr, Sa 11-18 Uhr*

FRIEDRICHSHAIN

Visby
Skandinavisches Design abseits der kommerziellen Ketten. *Gärtnerstraße 26, Tel.: 030/81808418, www.visby-berlin.de, Öffnungszeiten: Di-Fr 12-20 Uhr, Sa 11-18 Uhr*

IPANEMA –
FEELS LIKE THE FIRST KISS

DIE BRASILIANISCHE SANDALENMARKE IPANEMA sorgt für Sommerfeeling auf Schritt und Tritt und bringt lässiges Strandgefühl und die glamouröse Eleganz der Großstadt an stilbewusste Damen-, Kinder- und Herrenfüße. Erhältlich in rund 100 Ländern weltweit und produziert nach strengen ökologischen Richtlinien, spiegeln *Ipanema*-Schuhe die brasilianischen Wurzeln der Marke wider und bleiben durch den Einsatz innovativer, recycelbarer Materialien immer am Puls der aktuellen Fashion-Trends. Dabei kooperiert die Marke gerne mit Größen aus den Bereichen Fashion und Design. Nach einer erfolgreichen Zusammenarbeit mit dem Top-Model Gisele Bündchen hat jetzt der berühmte Star-Designer Philippe Starck eine Kollektion kreiert, die Footwear auf eine aufregende Art neu interpretiert. Mit Starcks Talent für minimalistisches, organisches Design setzt er die Vision einer modern-eleganten und einzigartigen Sandalenkollektion um, die Liebhaber des smarten Chics begeistern wird.

Die neuesten *Ipanema* Styles gibt es u.a. online bei *Amazon* und *Zalando* oder check den Storefinder auf *www.original-ipanema.de*

STAR-DESIGNER PHILIPPE STARCK

Ettina Berrios-Negrón

—

Modedesignerin

—

Wie hat sich die Berliner Mode-Szene über die Jahre verändert?

Von den Kinderschuhen zu den Teenager-Boots: Mittlerweile sieht auch der trockene Deutsche ein, dass Mode etwas Schönes sein kann und dass einigen heimischen Designern wundervoll inspirierende Entwürfe gelingen. Das mit dem Tragen der Mode der eigenen Nation wird allerdings noch schwer geübt. Die Deutschen trauen da weiterhin ihren geliebten Markenprodukten. International hat man schon ein wenig mehr Vertrauen in uns. Ein schönes Beispiel ist der Erfolg von Berliner Labels wie *Anntian* oder noch vor einigen Jahren *c.neeon* in Japan.

Gibt es einen Berliner Stil? Wie sieht dieser aus?

Der Stil variiert stark von Bezirk zu Bezirk. Universell setzt sich Understatement und „Sneakers sind immer cool" durch. In Charlottenburg ist es eher der slicke Bling-Bling-Look und in Neukölln der Hipster-Schluffi-Look. In Mitte gerne schräger Second Hand- mit Landlord-Stil gemixt. Und in Friedrichshain gibt es immer noch Punks.

Was sind Ihre Lieblingsplätze in der Stadt?

Einer meiner Favoriten ist das *Ethnologische Museum* in Dahlem. Immer wieder eine Quelle der Inspiration. Der *Schlachtensee* zum Baden, Spazieren oder Schlittschuhlaufen. Das *Neue Museum* an leeren Vormittagen unter der Woche. Die *Gärten der Welt* in Marzahn – ab April, wenn alle Gärten offen sind. Der *Botanische Garten* in Dahlem – vor allem die Gewächshäuser im Winter, wenn alles blüht und man der Tristesse etwas entkommen möchte.

Anntian – Pflügerstraße 55, Neukölln / *Ethnologisches Museum* – Lansstraße 8, Dahlem / *Schlachtensee* – Zehlendorf / *Neues Museum* – Museumsinsel, Bodestraße 1-3, Mitte / *Gärten der Welt* – Eisenacher Straße 99, Marzahn / *Botanischer Garten* – Königin-Luise-Straße 6-8, Dahlem

MITTE

Acne

Die schwedische Brand „Ambition to Create Novel Expression" steht für Avantgarde, die unkomplizierte Selbstverständlichkeit mit um-die-Ecke-denkendem Design vereint. Einen weiteren Store gibt es in Tiergarten (Potsdamer Straße 87).
Weinmeisterstraße 2, Tel.: 030/97005187, www.acnestudios.com, Öffnungszeiten: Mo–Sa 11–20 Uhr

adddress

Das Berliner Label adddress ist die gelungene Kombination von zeitgenössischen Basics mit extravaganten Details und einem Fokus auf das Spiel mit der Formenvielfalt eines Kleidungsstücks. Eine weitere Location ist im Bikini Berlin in Charlottenburg (Budapester Straße 38-50) zu finden.
Weinmeisterstraße 12-14, Tel.: 030/ 28873434, www.adddress.de, Öffnungszeiten: Mo–Sa 11–20 Uhr

Apartment

Das Apartment ist signifikant für düstere Avantgarde-Mode. Hier gibt es seltene Kollektionsteile von Designern wie Gareth Pugh und Rick Owens.
Memhardstraße 8, Tel.: 030/28042251, www.apartmentberlin.de, Öffnungszeiten: Mo–Fr 14–19 Uhr, Sa 12–18 Uhr

Baerck

Wer an diesem Shop vorbeiläuft, wird seinem Charme, der sich schon auf den ersten Blick offenbart, nicht entkommen. Soulland, Stine Goya, Minimarket und Hien Le sind hier genauso vertreten wie neue und konzeptionelle Interior- und Lifestylebrands wie 45 Kilo und llot llov.
Mulackstraße 12, Tel.: 030/24048994,

www.baerck.net, Öffnungszeiten: Mo–Sa 12–20 Uhr

Blush Lingerie

Genau das Richtige für alle, die in einer entspannten Atmosphäre die perfekte Unterwäsche suchen.
Rosa-Luxemburg-Straße 22, Tel.: 030/ 28093580, www.blush-berlin.com, Öffnungszeiten: Mo–Sa 12–19 Uhr

Cabinet de Curiosités Rianna & Nina

In der schönen Boutique bieten Nina Kuhn und Rianna Kounou, die auch Inhaberin von *Rianna in Berlin* ist, bunte Kissen, Kleider, Lampenschirme und Möbelstücke aus eigener Kollektion und gefertigt aus edlen Vintage-Stoffen.

MODEBLOGS AUS BERLIN

Um immer auf dem Laufenden zu bleiben, was nicht nur Berliner, sondern auch internationale Trends angeht, hilft ein Blick auf folgende Blogs:

THIS IS JANE WAYNE
www.thisisjanewayne.com

JOURNELLES
www.journelles.de

STIL IN BERLIN
www.stilinberlin.de

C'EST CLAIRETTE
www.cestclairette.com

SPRUCED
www.spruced.us

I LOVE YOU MAGAZIN
www.iloveyou-magazine.com

www.knirps.com

DER SCHIRM MIT DEM ROTEN PUNKT.

Die Regenschirme aus der Frühjahr/Sommer
Kollektion sind mit 95% UV Schutz ausgestattet.
Stilvoll unterwegs bei Sonne und Regen.

Knirps

For any weather.
Since 1928.

ESTHER PERBANDT

Torstraße 62, Tel.: 030/28879122,
www.riannaandnina.com, Öffnungs-
zeiten: Mo-Sa 12-19 Uhr

Don't Shoot The Messengers

Die Kanadierin Jen Gilpin und der Neusee-
länder Kyle Callanan prägen mit Don't
Shoot the Messengers, kurz DSTM, seit
Jahren die Berliner Modelandschaft. In
ihren Kollektionen geben sich markante
Elemente und elegante Art-Déco-Ansätze
die Hand. Die Stücke sind meist schwarz,
aus Leder und Seide.
Torstraße 161, Tel.: 030/27593182,
www.dstm.co, Öffnungszeiten:
Mo-Sa 13-20 Uhr

Esther Perbandt

Esther Perbandt ist die Rebellin und gerade deswegen essenziell in der hiesigen

Modelandschaft. Ihre Entwürfe haben
– wortwörtlich – Ecken und Kanten und
vertragen sich mit internationaler High-
End-Fashion ganz wunderbar.
Almstadtstraße 3, Tel.: 030/88536791,
www.estherperbandt.com,
Öffnungszeiten: Mo-Fr 12-19 Uhr,
Sa 12-18 Uhr

Franzius

Seit 2002 darf sich Franzius zur Berliner
Mode-Avantgarde zählen. Erwachsene
Schnitte zu innovativen Konzepten,
Mustern und unverkennbaren Details.
Schwartzkopffstraße 16,
Tel.: 030/40045397, www.franzius.eu,
Öffnungszeiten: Mo-Fr 10-19 Uhr,
Sa 12-18 Uhr

Happy Shop

Wer auf Schwarz und Understatement
setzt, ist hier fehl am Platz. Oder vielleicht
genau richtig? Mutige Kollektionsteile von
japanischen Labels wie minä perhonen,
Meadham Kirchhoff und Christopher Kane
aus London sowie Bernhard Willhelm sind
in Deutschland oft nur hier erhältlich.
Torstraße 67, Tel.: 030/29009501,
www.happyshop-berlin.com.
Öffnungszeiten: Mo-Fr 11-19 Uhr,
Sa 12-20 Uhr

Kauf Dich Glücklich

Ein Concept Store, der in verschiedenen
Städten Deutschlands und in Wien in Serie
gegangen ist. Hier werden Stücke von
Labels wie Carin Wester, Ganni und POPcph
neben Accessoires, Büchern und
Einrichtungsgegenstände angeboten. In
Berlin gibt es weitere Stores in Prenzlauer
Berg und ein Outlet in Wedding.
Rosenthaler Straße 17,
Tel.: 030/28878817,
www.kaufdichgluecklich-shop.de,
Öffnungszeiten: Mo-Sa 11-20 Uhr

HAPPY SHOP

Kaviar Gauche

Die Marke ist international schon lange bekannt. Neben den prinzessinnenhaften und doch modernen Brautkleidern überzeugen die Kollektionen von Alexandra Fischer-Roehler und Johanna Kühl vor allem mit zeitloser, weiblicher Eleganz.
Linienstraße 44, Tel.: 030/28873562, www.kaviargauche.com, Öffnungszeiten: Mo-Sa 12-19 Uhr

Konk

Karlotta Wilde, Boessert/Schorn, Franzius und Reality Studio: Konk ist eine der wichtigsten Adressen, wenn es um lokale und junge Designermode geht.
Kleine Hamburger Straße 15, Tel.: 030/28097839, www.konk-berlin.de, Öffnungszeiten: Mo-Fr 12-19 Uhr, Sa 12-18 Uhr

lala Berlin

Grober Strick aus feinster Wolle gepaart mit klaren Silhouetten und einer eindeutigen Designsprache. Der kreative Kopf hinter dem für Berlin unverzichtbaren Modelabel ist Leyla Piedayesh.
Alte Schönhauser Straße 3, Tel.: 030/ 20095363, www.lalaberlin.com, Öffnungszeiten: Mo-Sa 11-19 Uhr

Orlando

Orlando beherbergt eine feine Auswahl an Mode, Damenschuhen und Accessoires von Designern wie Paco Gil, Mühlbauer oder Marc by Marc Jacobs. Etwas sportlicher geht es dann in der Boutique in der Oranienburger Straße 7 zu.
Münzstraße 2, Tel.: 030/20089035, www.orlando-berlin.de, Öffnungszeiten: Mo-Sa 11-20 Uhr

Oukan 71

Als Wohltätigkeitsprojekt „Tokyo Gakudan" kurz nach der Tsunami-Katastrophe in Japan gegründet. Die Idee hinter dem Konzept: japanische Mode- und Lifestyle-

KAVIAR GAUCHE

Annelie Augustin & Odély Teboul

Modedesignerinnen/Augustin Teboul

Warum haben Sie sich mit Ihrem Label in Berlin niedergelassen?

Es war eine spontane, eher eine persönliche Entscheidung. Wir hatten beide Lust, eine neue Stadt zu entdecken, die ein guter Platz für Kreative ist. Berlin vermittelt einem ein Gefühl der Freiheit – nicht nur platzmäßig, sondern auch in Bezug auf die Einstellung der Menschen.

Berlins Top-Adressen für Mode?

Andreas Murkudis wegen der großartigen Auswahl in einer unerwarteten Location.

Ihr Lieblingskiez in Berlin?

Eindeutig Neukölln – wegen der lockeren, dynamischen und inspirierenden Atmosphäre.

Wo sollte man als Berlinbesucherin abends hingehen?

Ein Dinner bei *Lavanderia Vecchia* und ein Cocktail im *Tier* in Neukölln. Zu einem Piano-Konzert im *Piano Salon Christophori* in Wedding und am Ende der Nacht ins *Berghain*!

Andreas Murkudis – Potsdamer Straße 81e, Tiergarten / *Lavanderia Vecchia* – Flughafenstraße 46, Neukölln / *Tier* – Weserstraße 42, Neukölln / *Piano Salon Christophori* – Uferhallen, Uferstraße 8, Wedding / *Berghain* – Am Wriezener Bahnhof, Friedrichshain

Brands mit hohem Avantgarde-Anspruch in einem exklusiven Shop.
Kronenstraße 71,
Tel.: 030/20626700, www.oukan.de,
Öffnungszeiten: Mo-Sa 12-19 Uhr

Sal-Bazaar

Mit seiner Glasfront lässt Sal Bazaar schon erahnen, welch herausragende Sammlung an modischen Kuriositäten und Must-Haves hinter den Scheiben auf avantgardistische Shopper wartet. Neben den verblüffenden Kollektionsteilen von Bless finden sich Vintage-Stücke und limitierte Editionen von Christophe Lemaire und Cosmic Wonder.
Mulackstraße 34, Tel.: 0176/22816366,
www.sal-bazaar.com, Öffnungszeiten:
Mo-Sa 12-20 Uhr, Di nach Vereinbarung

Schwarzhogerzeil

Inhaberin Nicole Hogerzeil sucht in den internationalen Showrooms regelmäßig das Beste der Besten zusammen, um ihre Kunden in dem 150 Quadratmeter großen Shop glücklich zu machen. Marken wie Chacharel und Craven treffen auf Sabrina Dehoff, Marni und Perret Schaad.
Torstraße 173, Tel.: 030/28873868,
www.schwarzhogerzeil.de,
Öffnungszeiten: Mo-Fr 12-20 Uhr,
Sa 12-18 Uhr

The Corner Berlin East

The Corner macht es der schnelllebigen Mode nicht leicht, unerreichbar zu bleiben. Das Sortiment beinhaltet die aktuell begehrtesten High-End-Produkte – von Louboutin bis Givenchy.
Französische Straße 40, Tel.: 030/
20670940, www.thecornerberlin.de,
Öffnungszeiten: Mo-Fr 10.30-19.30,
Sa 10-19 Uhr

The Store

Endlich gibt es auch für alle Nicht-Mitglieder im Soho House die Gelegenheit, ein bisschen vom Flair des Member-Clubs aufzusaugen. Denn im selben Gebäude hat nun der dazugehörige Concept-Store aufgemacht. Dort findet man alles vom eleganten Schreibheft bis zum perfekten Outfit für die Partynacht. Die passenden Beautyprodukte für den Morgen danach kann man dort auch gleich mitnehmen und sich bei einem frisch gepressten Smoothie an der Bar erholen.
Soho House Berlin, Torstraße 1,
Tel.: 030/4050440, www.thestores.com,
Öffnungszeiten: Mo-Sa 10-19 Uhr

Thone Negrón

Das Label hat Ettina Berrios Negrón 2008 aus dem Wunsch heraus gegründet, in

ihrem Concept Store Konk auch eine ganz persönliche Modemeinung in Form von eigenen Kollektionen zu vertreten. Das Resultat sind neu interpretierte, klassische Schnitte aus hochwertigem Material.
Linienstraße 71, Tel.: 030/53161116, www.thonenegron.com, Öffnungszeiten: Mo–Fr 12–19 Uhr, Sa 11.30–18.30 Uhr

Ulf Haines Women

Bei Ulf Haines trifft sich die Elite, um auf den anspruchsvollen Kunden zu warten: Damir Doma, Maison Martin Margiela und Junya Watanabe.
Rosa-Luxemburg-Straße 9, Tel.: 030/ 74786577, www.ulfhaines.com, Öffnungszeiten: Mo–Fr 12–20 Uhr, Sa 12–19 Uhr

Wald

Der kleine Concept Store hat sich in den letzten Jahren zu einem unentbehrlichen Teil der Berliner Shopping-Landschaft manifestiert. Die „Wald Girls" Joyce und Dana jetten regelmäßig nach New York, London und Paris, um ihre Kunden zufrieden zu stellen. Hier sind neben Malaika Raiss Labels wie Surface to Air und Henrik Vibskov vertreten.
Alte Schönhauser Straße 32c, Tel.: 030/ 60051164, www.wald-berlin.de, Öffnungszeiten: Mo–Sa 12–19 Uhr

Wolfen

„Man kann sich durch meine Sachen zu niemand anderem machen", sagt Wolfen-Designerin Jacqueline Huste über ihre Mode. Und beschreibt perfekt, was sie ist: unprätentiöse und klassische Strickmodelle, die den selbstbewussten und geradlinigen Charakter betonen.
Auguststraße 41, Tel.: 030/49781966, www.wolfengermany.com, Öffnungszeiten: Mo–Fr 12–19 Uhr, Sa 12–18 Uhr

THONE NEGRÓN

Claudia Hofmann

—

Stylistin & Fashion Editor

—

Berlin ist ...

... eine Stadt, die tanzt und tanzt und nie stillsteht. Kaum ist man ein paar Tage weg, schon haben wieder neue Läden und Restaurants eröffnet, besonders in Mitte.

Welche Bars und Clubs würden Sie empfehlen?

Auf einen Drink nach der Arbeit oder später am Abend in die *Victoria Bar* in Tiergarten. Tolles Sixties-Ambiente. Im *Dean* trifft man auf ein erwachseneres Publikum, leckere Drinks und schöne Atmosphäre. Die *Kantine* des Architekturbüros Chipperfield ist eine tolle Oase in einem unscheinbaren Hinterhof im hektischen Mitte mit gutem Essen und interessanten Leuten.

Ihre Shopping-Tipps?

Ich liebe den Concept Store von *Andreas Murkudis*. Er hat für mich immer die beste Auswahl. Boutiquen der Berliner Designer wie *Esther Perbandt, Kaviar Gauche, DSTM* oder auch *Lala Berlin*. Für Interieur-Sachen: Das *Stue* in Mittes Torstraße mit ausgesuchtem skandinavischem Design.

Wohin gehen Sie, um Körper und Geist zu entspannen?

MDC Cosmetic – da bekommt man die beste Behandlung mit den besten Produkten, wie von Susanne Kaufmann. Zum Entspannen fahre ich gerne auch zum *Schlachtensee*, ein schöner See im Grunewald, mit anschließendem Besuch der *Fischerhütte* zum Schlemmen auf der Terrasse, die direkt am See liegt.

Was sollte man in Berlin noch erlebt haben?

Das *Neue Museum* ist großartig. Die *Sammlung Boros* im Bunker verbindet Historie mit Kunst – ein tolles Erlebnis.

Victoria Bar – Potsdamer Straße 102, Tiergarten / *Dean* – Rosenthaler Straße 9, Mitte /
Kantine – Joachimstraße 11, Mitte / *Andreas Murkudis* – Potsdamer Straße 81e,
Tiergarten / *Esther Perbandt* – Almstadtstraße 3, Mitte / *Kaviar Gauche* – Linienstraße
44, Mitte / *DSTM* – Torstraße 161, Mitte / *Lala Berlin* – Alte Schönhauser Straße 3,
Mitte / *Stue* – Torstraße 70, Mitte / *MDC Cosmetic* – Knaackstraße 26, Prenzlauer Berg /
Schlachtensee – Zehlendorf / *Fischerhütte am Schlachtensee* – Fischerhüttenstraße 136,
Zehlendorf / *Neues Museum* – Museumsinsel, Bodestraße 1-3, Mitte / *Sammlung Boros* –
Reinhardtstraße 20, Mitte

Wood Wood

Kollektionen von Jacquemus und Comme des Garçons, Schmuck von Maria Black gesellen sich zum fantastischen hauseigenen Brand und einer feinen Selektion an Düften.
Rochstraße 4, Tel.: 030/28047877, www.woodwood.dk, Öffnungszeiten: Mo-Fr 12-20 Uhr, Sa 12-19 Uhr

KREUZBERG

Dunkelblaufastschwarz

Die Mode der Berliner Labels Aspique, Mysuro und Velibor werden in kleiner Auflage und im eigenen Atelier gefertigt. Daneben gibt es Accessoires von weiteren lokalen Designern.
Graefestraße 7, Tel.: 030/34398145, www.dunkelblaufastschwarz.com, Öffnungszeiten: Di-Fr 12-19 Uhr, Sa 12-18 Uhr

Möon

Dieser Mode-Laden ist der beste Beweis, dass sich Stil und Nachhaltigkeit nicht ausschließen. Möon ist auf Eco-Kleidung spezialisiert. Deren Hersteller achten darauf, dass Materialien und Verarbeitung die Umwelt nicht belasten.
Schönleinstraße 10, Tel.: 030/35105167, www.moeon.de, Öffnungszeiten: Di-Fr 11-19, Sa 11-18 Uhr

Voo Store

Das Berliner Gegenstück zu Opening Ceremony in New York und Colette in Paris gehört zu den wichtigsten Shopping-Adressen der Stadt. Lokale Marken wie Vladimir Karaleev und Lunettes, aber auch internationale Lieblinge wie Acne, Kenzo oder Nike werden in den Hallen einer ehemaligen Schlosserei ins bestmögliche Licht gerückt. Nach dem Shoppen genießt man den weltbesten Kaffee vom hausinternen Companion Coffee.
Oranienstraße 24, Tel.: 030/61651119, www.vooberlin.com, Öffnungszeiten: Mo-Sa 10-20 Uhr

VOO STORE

BLESS

Simon&Me

Auch wenn der Concept Store eigentlich auf Männermode spezialisiert ist, sollte man sich einen Besuch nicht entgehen lassen. Die Accessoires können auch Frauen tragen. Mit anhaltendem Design und moderner Ästhetik haben die Macher des Shops der schnelllebigen Mode- und Lifestyle-Welt den Kampf angesagt.
Fidicinstraße 17, Tel.: 030/81306506, www.simonandme.com, Öffnungszeiten: Sa 10-18 Uhr

NEUKÖLLN

Shio

Anstatt sich in saisonalen Minikollektionen zu verlieren, bieten die kreativen Köpfe hinter Shio jahreszeitenunabhängige Lieblingsstücke an. Der Laden setzt auf umgeschneiderte Vintage-Kleidung und junge Berliner Marken.
Weichselstraße 59, kate@shiostore.com, www.shiostore.com, Öffnungszeiten: Mo-Sa 13-19 Uhr

Un Autre Voodoo

Nun hat auch Neukölln einen Concept Store. Verkauft werden hangefertigte Stücke von internationalen Designern, die in Berlin leben. Jede Saison werden andere Designer vorgestellt. Mitgründerin Oryanne ist auch eine der Macherinnen hinter dem regelmäßig stattfindendem Voodoo Market (www.voodoomarket.de).
Tellstraße 7, www.unautrevoodoo.com, Öffnungszeiten: Mo-Fr 12-19 Uhr, Sa 12-18 Uhr

PRENZLAUER BERG

Bless Shop Home

Unter dem Namen Bless transportieren Ines Kaag und Desiree Heiss seit fast zwei Jahrzehnten ihre Beobachtungen, die verblüffen und begeistern. Im Bless Shop Home werden die konzeptionellen Kollektionen, die von Mode über Kunst bis zu Interieur-Accessoires reichen, nicht nur verkauft; der Shop wird auch von jemandem bewohnt. Der Beweis dafür, dass sich außergewöhnliche Mode mit ein wenig Mut auch in den Alltag einordnen lässt.
Oderbergerstraße 60, Tel.: 030/27596566, www.bless-service.de, Öffnungszeiten: Mi-Fr 17-20 Uhr, Sa 11-18 Uhr und nach Vereinbarung

Temporary Showroom

Zugehörig zur gleichnamigen PR-Agentur bietet der Shop die vertretenen und andere Labels an: Issever Bahri, Julian Zigerli, Anntian und internationale Größen wie Henrik Vibskov oder Whyred.
Kastanienallee 36a, Tel.: 030/622045664, www.temporaryshowroom.com, Öffnungszeiten: Mo-Sa 11-19 Uhr

TIERGARTEN

Andreas Murkudis

Der international bekannteste Concept Store wurde 2003 gegründet und ist ein

BIKINI BERLIN

Mit dem im März 2014 eröffneten Bikini Berlin hat Deutschland seine erste Concept Mall bekommen. Gegenüber der Gedächtniskirche und direkt am Zoo gelegen, findet man auf drei Stockwerken des renovierten Gebäudekomplexes aus den 1950er Jahren eine sehr fein kuratierte Auswahl an Boutiquen, Flagship Stores und Restaurants. Unbedingt besuchen sollte man den *Signature AM Concept Store* von *Andreas Murkudis*. In dem minimalistischen Laden im zweiten Stock findet man neben ausgewählten Designstücken auch Kosmetik, Schmuck, Taschen, Schuhe, Bettwäsche, filigrane Gläser und Keramikschalen. Gleich daneben hat das Label *Odeeh* des Designer-Duos Jörg Ehrlich und Otto Drögsler seine erste Niederlassung in Deutschland eröffnet. Gleiches gilt für die Mailänder Marke *Aspesi*. Auf 170 Quadratmetern wird ihre elegant luxuriöse Freizeitwear präsentiert. Shoppen und Speisen auf der Terrasse mit Blick auf das Affen-Freigehege kann man im *Supermarket Berlin*. Hier gibt es hochwertige Design- und Collector's Items von Balmain, Sigurd Larsen, Leica, llot llov und Vladimir Karaleev. Gezeigt werden auch wechselnde Ausstellungen junger Künstler und Fotografen. Am gegenüberliegenden Ende der Dachterrasse ist der *Gestalten Pavilion*, ein Concept Store mit Café. Geboten wird eine bunte Mischung aus Büchern, Magazinen und Design-Objekten. Auch die Stores der Brillenmanufaktur *Mykita* und von *Kusmi Tea* sind eine schöne Ergänzung in dem neuen Shopping-Tempel. Innovativ sind die Bikini Berlin Boxes, fast 20 Pop-up Stores, die regelmäßig von anderen Produkten und Ideen bespielt werden. Toller neuer Anziehungspunkt im alten Westen der Stadt. *Budapester Straße 38-50, Charlottenburg, www.bikiniberlin.de, Öffnungszeiten: Mo-Sa 10-20 Uhr*

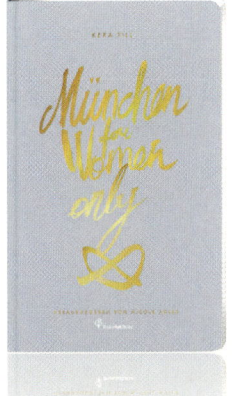 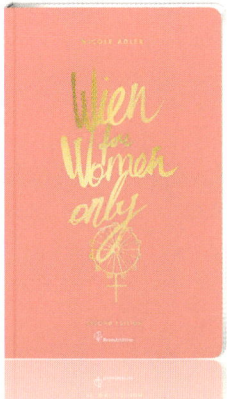 

Alles was Frauen lieben

Die beliebtesten Städte im deutschsprachigen Raum

Kunst & Musik, Mode & Lifestyle, Märkte & Essen, Parties & Festivals

Mit persönlichen Insider-Tipps von prominenten Frauen

Abwechslungsreich, gut recherchiert und amüsant. Die City-Guides „for Women only" sind für stilbewusste Frauen, die das Besondere suchen und eine Stadt in all ihren Facetten genießen wollen. Up to date und gefüllt mit handverlesenen Tipps, werden Hotspots für Mode, Beauty, Kunst, Design und Kultur vorgestellt – man schweift über Märkte und grüne Oasen, besucht vergnügliche Restaurants und Bars und landet schließlich auf den richtigen Partys. Mit vielen persönlichen Tipps von Insiderinnen aus Mode, Kunst und Society für die Städte **Wien, Berlin, München und Hamburg.**

MÜNCHEN
Broschur, 13,5 x 21 cm, 208 Seiten, ca. 200 Abbildungen
ISBN 978-3-85033-758-8   € 22,– sfr 31,50

WIEN
Broschur, 13,5 x 21 cm, 232 Seiten, ca. 200 Abbildungen
ISBN 978-3-85033-831-8   € 22,– sfr 31,50

HAMBURG
Broschur, 13,5 x 21 cm, 208 Seiten, ca. 200 Abbildungen
ISBN 978-3-85033-989-6   € 22,– sfr 31,50

Kozva Rigaud

Chefin der Fotografenagentur Shotview

Wo trifft man in Berlin auf spannende Leute?
Durch meine Arbeit treffe ich immer spannende und faszinierende
Leute in Berlin. Es gibt natürlich diverse Highlights, wie Fashion
Week, Gallery Weekend oder Berlinale, wo rund um die Uhr diverse
Events stattfinden. Und immer gut, um interessante Menschen zu
treffen, sind das *Bikini Berlin, Soho House,* G*rill Royal, Richard,
Grosz, Le Soupe Populaire, Mogg & Melzer, Bandol* und das
unbekannte *Tier* in Neukölln.

Ihre Tipps für Foto- und Design-Aficionados?
Als Fotobegeisterte kann ich es kaum erwarten, bis *C/O Berlin*
wieder eröffnet. Die Ausstellungen dort sind einfach großartig.
Zu empfehlen sind auch die *Kicken Gallery, Loock Gallery* mit
einer super Sammlung von Alec Soth, die beiden Niederlassungen
von *Do you read me?!* und *Walther König.*

Die besten Shops für schöne Mode?
The Corner, Lala Berlin, Apartment, Acne und *Kaviar Gauche.*
Für Vintage Outfits gehe ich gerne zu *Garments* oder *Sommerladen.*

Bikini Berlin – Budapester Straße 38-50, Charlottenburg / *Soho House* – Torstraße 1,
Mitte / *Grill Royal* – Friedrichstraße 105b, Mitte / *Richard* – Köpenicker Straße 174,
Kreuzberg / *Grosz* – Kurfürstendamm 193/194, Wilmersdorf / *Le Soupe Populaire* –
Prenzlauer Allee 242, Prenzlauer Berg / *Mogg & Melzer* – Auguststraße 11-13, Mitte /
Bandol sur Mer – Torstraße 167, Mitte / *Tier* – Weserstraße 42, Neukölln / *C/O Berlin* –
Hardenbergstraße 22-24, Charlottenburg / *Kicken Gallery* – Linienstraße 161a, Mitte /
Loock Gallery – Potsdamer Straße 63, Tiergarten / *Do you read me?!* – Auguststraße 28,
Mitte & *& Vitra & Artek* – Budapester Straße 38-50, Charlottenburg / *Walther König* –
z.B. im Hamburger Bahnhof Museum für Gegenwart, Invalidenstraße 50/51, Moabit /
The Corner – Französische Straße 40, Mitte / / *Lala Berlin* – Alte Schönhauser Straße 3,
Mitte / *Apartment* – Memhardstraße 8, Mitte / *Acne* – Potsdamer Straße 87, Tiergarten /
Kaviar Gauche – Linienstraße 44, Mitte / *Garments* – Stargarder Straße 12, Prenzlauer
Berg / *Sommerladen* – Linienstraße 153, Mitte

GARMENTS

echtes Highlight. Auf 1000 Quadratmeter gesellt sich Nymphenburg-Porzellan zur Céline-Tasche, Aesop-Produkte zu Pralinen.
Potsdamer Straße 81e,
Tel.: 030/680798306,
www.andreasmurkudis.com,
Öffnungszeiten: Mo-Sa 10-20 Uhr

Vintage

KREUZBERG

Colours
Wie der Name schon preisgibt, findet sich auf über 1000 Quadratmetern eine bunte Mischung an Secondhand-Mode. Die guten Stücke sind nach Stilrichtung, Farbe oder Material geordnet.
Bergmannstraße 102, Tel.: 030/6943348,
www.kleidermarkt.de, Öffnungszeiten:
Mo-Fr 11-19 Uhr, Sa 12-19 Uhr

MITTE

XVII Store
„Vintage and darling items" ist das Credo vom XVII Store. Hinter dem Namen, der dix-sept ausgesprochen wird, versteckt sich eine Kuration von Secondhand-Stücken, die oft aussieht wie die gelungene Kollektion eines einzigen Designers.
Steinstraße 17, Tel.: 030/54482882,
www.xvii-store.com, Öffnungszeiten:
Mo, Mi-Fr 12-19 Uhr, Sa 12-17 Uhr

Das Neue Schwarz
Eine wichtige Adresse, wenn es um eine herausragende Auswahl an Vintage-Mode geht. Sei es Martin Margiela, Bless oder Sonya Rykiel – das Sortiment wechselt gefühlt täglich und man möchte am liebsten jedes Stück besitzen.
Mulackstraße 38, Tel.: 030/27874467,
www.dasneueschwarz.de,
Öffnungszeiten: Mo-Sa 12-20 Uhr

Garments
Große Auswahl an Secondhand-Mode und vor allem an ausgefallenen Accessoires. Eine weitere Filiale gibt es in Prenzlauer Berg (Stargarder Straße 12a).
Linienstraße 204/205,
Tel.: 030/28477781,
www.garments-vintage.de,
Öffnungszeiten: Mo-Sa 12-19 Uhr

Isobel Gowdie
Große Schätze muss man gut verstecken. Das wissen auch die Betreiber von Isobel Gowdie. In einem Hinterhof gelegen, muss man erst klingeln, um dann in das Secondhand-Paradies mit Second Season und Vintage-Kleidung von Isabel Marant oder Margiela zu gelangen.
Alte Schönhauser Straße 39,
www.isobelgowdie-berlin.com,
Öffnungszeiten: Mo-Fr 12-19.00,
Sa 12-20 Uhr

BEST DRESSED MIT P&C!

Die ganze Welt der Mode und Mode aus der ganzen Welt – und das alles unter einem Dach. P&C ist mit insgesamt acht Verkaufshäusern in der Modehauptstadt vertreten und präsentiert dem Berliner Publikum eine einzigartige Stil- und Markenvielfalt.

Bereits seit über 110 Jahren steht die Marke Peek & Cloppenburg für neue Wege in Sachen Mode und versteht sich als Mittler zwischen Catwalk und Fußgängerzone. Im Portfolio eines jeden Verkaufshauses befinden sich bis zu 500 Marken und zahlreiche Originalmarken-Shops. Exklusive Designer-labels gehören genauso zum Sortiment wie internationale Fashion-Brands und hochwertige P&C-Brands. Neben der ausgewogenen Sortimentsgestaltung mit hohem Qualitäts- und Geschmacksanspruch ist die Kompetenz der Mitarbeiter im Verkauf maßgeblich für den Erfolg von P&C. Kunden-orientierung und Serviceleistungen sind dabei von besonderer Bedeutung.

Die P&C-Verkaufshäuser im Überblick – Schlossstraße 123-125 / Tauentzienstraße 19 / A 10 Center Chausseestraße 1 / Wilmersdorfer Straße 109-111 / Johannisthaler Chaussee 295-327 / Klosterstraße 3 / Marzahner Promenade 1 / Leipziger Platz 12

Kaviar Gauche Vintage

Viel Platz zum Anprobieren und Um-die-Wette-Stolzieren bleibt einem nicht. Das macht aber nichts. Einzelstücke, Show Pieces und Ausstellungsteile mit Reduktionen bis zu 50 Prozent sind Grund genug, auch mal spontan zuzugreifen.
Brunnenstraße 6, Tel.: 030/95611044, www.kaviargauche.com, Öffnungszeiten: Mi–Sa 12–19 Uhr

Rianna in Berlin

Die Boutique von Rianna Kounou ist eine Schatzkiste. Die Designerin aus Athen bietet neben ausgewählten Vintage-Stücken ein exklusives Sortiment an Kleidern, Accessoires und Möbeln von Designern aus der Türkei, Griechenland und Frankreich.
Große Hamburger Straße 25, Tel.: 030/86450918,

www.riannainberlin.com, Öffnungszeiten: Mo–Sa 12–19 Uhr

Yuu Shop

Ann Demeulemeester, Martin Margiela und Haider Ackermann: Hier werden keine Kompromisse gemacht. Wer auf der Suche nach qualitativ hochwertigen Archivstücken der ganz Großen ist, darf Yuu auf keinen Fall auslassen.
Steinstraße 26, Tel.: 030/53799393, www.yuu-shop.de, Öffnungszeiten: Di–Fr 12–19 Uhr, Sa 12–18 Uhr

NEUKÖLLN

Let them eat cake

Fein kuratierte Auswahl an Vintage-Unikaten, die nicht selten aus der Hand der größten internationalen Modemacher wie Yves Saint Laurent stammen.
Weserstraße 164, letthemeatcake-berlin.tumblr.com, Öffnungszeiten: Mo–Sa 13–19 Uhr

Sing Blackbird

Nach hervorragendem Frühstück und Kaffee stöbert man im benachbarten Zimmer durch eine wechselnde Auswahl an Secondhand-Mode und Accessoires.

UN AUTRE VOODOO

Alle paar Wochen gibt es einen Flohmarkt.
Sanderstraße 11, Tel.: 030/54845051,
singblackbird.tumblr.com, Öffnungs-
zeiten: Mo-So 13-19 Uhr

PRENZLAUER BERG

Soeur

Besitzerin Nina Schröter hat ihre Leiden-
schaft für Designermode zum Beruf
gemacht. Neben Vintage-Schätzen gibt
es ausgewählte Teile der Marken A.P.C.
und Madras zu entdecken.
Marienburger Straße 24,
Tel.: 030/32891520, soeur.tumblr.com,
Öffnungszeiten: Mo-Sa 11-19 Uhr

Schuhe

CHARLOTTENBURG / WILMERSDORF

Solebox

New Balance, Adidas oder Le Coq Sportif:
Bei Solebox werden seit vielen Jahren

Sneaker-Liebhaber mit einer Auswahl
beglückt, für die man ansonsten einmal
quer durch die Stadt reisen müsste.
Nürnberger Straße 16, Tel.: 030/
91206690, www.solebox.com,
Öffnungszeiten: Mo-Sa 11-20 Uhr

MITTE

Shusta

Wer auf der Suche nach Schuhen ist, die
perfekte Alltagsbegleiter sein sollen, ist bei
Shusta richtig. Qualitativ exzellente Modelle
von Marken wie Abro, Royal Republiq
und Ca'Shott, aber auch Fairtrade-Schuhe
von Veja.
Rosenthaler Straße 72, Tel.: 030/
76219780, www.shusta.de,
Öffnungszeiten: Mo-Sa 11-20 Uhr

Stab

Stickabush, kurz Stab, ist immer einen
Besuch wert. Hier gibt es vor allem von
Nike und New Balance eine tolle Auswahl.

Leyla Piedayesh

Designerin & Unternehmerin

Wie würden Sie den typischen Berliner Stil beschreiben?

Meiner Meinung nach gibt es keinen Berliner Stil. Die Berliner sind grundsätzlich schon etwas modischer und experimenteller. Ich würde mir allerdings grundsätzlich noch mehr Individualität wünschen.

Was mögen Sie an Berlin besonders?

Berlin verändert sich minütlich, saugt alles auf, wird von seinen Bewohnern und ihrem Individualismus angetrieben. Neuheiten findet man an jeder Ecke. Das ist sehr inspirierend und lässt Raum, sich kreativ zu entfalten. Berlin ist immer offen für Neues, weshalb viele junge Designer hier ihr Lager aufschlagen. Und gerade unser Erfolg bestätigt, dass es nicht nur Nischenprodukte gibt.

Die besten Orte in Berlin zum Feiern?

Das Berliner Nachtleben ist sehr bekannt für sein riesiges Angebot an coolen, urbanen Bars und Clubs, dennoch habe ich eine Bar, in die ich besonders gerne gehe: die Bar im *Pauly Saal*. Da treffe ich am liebsten meine Freunde.

Und wohin gehen Sie, um gut zu essen?

Mein Lieblingsrestaurant für ein sehr gutes Abendessen ist definitiv das *Grill Royal* auf der Friedrichstraße. Hier hat man immer eine internationale Atmosphäre gemischt mit der typischen Berliner Lässigkeit, und die besten Steaks der Stadt natürlich.

Pauly Saal – Auguststraße 11-13, Mitte / *Grill Royal* – Friedrichstraße 105b, Mitte

Gipsstraße 23, Tel.: 030/20215445,
www.stickabush.com, Öffnungszeiten:
Mo-Fr 12-20 Uhr, Sa 11-19 Uhr

Wood Wood Annex

Gleich neben dem größeren Wood Wood
Laden, werden im Annex Store alle trend-
bewussten Füße fündig. Hier gibt es Schuhe
von Comme des Garçons, Common Projects
und Nike.
Rochstraße 3, Tel.: 030/275959770,
www.woodwood.dk, Öffnungszeiten:
Mo-Fr 12-20 Uhr, Sa 12-19 Uhr

Accessoires

KREUZBERG

Fritz Schmuck Werkstatt

Mitten im belebten Kreuzberg 36 findet
sich eine Oase des traditionellen Hand-
werks. Besitzer und Goldschmied Manuel
Fritz hat in seinem Geschäft Werke vieler
Kollegen ausgestellt, während er die
individuellen Schmuckwünsche seiner
Kunden umsetzt.
Dresdener Straße 20, Tel.: 030/6151700,
www.schmuckfritz.de, Öffnungszeiten:
Mo-Fr 10-19 Uhr, Sa 12-16 Uhr

SABRINA DEHOFF

MITTE

Mykita

Mit einer Brille von Mykita kauft man
ein Stück Traditionshandwerk und
Qualität. Die Berliner Marke ist interna-
tional bekannt und hat bereits mit
Modegrößen wie Bernhard Wilhelm
oder Damir Doma kollaboriert.
Rosa-Luxemburg-Straße 6,
Tel.: 030/67308715, www.mykita.com,
Öffnungszeiten: Mo-Fr 11-20 Uhr,
Sa 12-18 Uhr

Oona

Wer auf der Suche nach zeitgenössischem
Schmuck ist, sollte bei Oona vorbeischauen.
In dem Space werden Stücke von interna-
tionalen Designern wie Mikiko Minewaki,
Lisa Walker und Marc Monzó verkauft.
Auguststraße 26, Tel.: 030/28045905,
www.oona-galerie.de, Öffnungszeiten:

Di–Fr 14–18 Uhr, Sa 13–18 Uhr und nach Vereinbarung

Sabrina Dehoff

Die Schmuckkreationen der Berliner Designerin sind unverkennbar und gleichzeitig schön unauffällig. Mit verspielten Anhängern und Steinen auf bunten Kordeln rundet sie ihre Entwürfe ab.
Torstraße 175, Mitte, Tel.: 030/93624680, www.sabrinadehoff.com, Öffnungszeiten: Mo–Fr 12–19 Uhr, Sa 12–18 Uhr

Specs Berlin

Specs bietet eine Auswahl an ausgesuchten Brillenmarken mit Charme und Charakter. Zeitgenössisches Design trifft hier auf Traditionshandwerk. Einen weiteren Store in Mitte gibt es in der Kastanienallee 42.
Alte Schönhauser Straße 39, Tel.: 030/ 40054567, www.specs-berlin.de, Öffnungszeiten: Mo–Fr 11–20 Uhr, Sa 11–18 Uhr

PRENZLAUER BERG

Lunettes

Hinter dem klingenden Namen versteckt sich ein Querschnitt durch die Designgeschichte der Brille. Ob Horn oder Nickel, Piloten- oder Fifties-Cat-Eyes-Form. Einen zweiten Laden gibt es in Mitte (Torstraße 172).
Dunckerstraße 18, Tel.: 030/44718050, www.lunettes-selection.de, Öffnungszeiten: Mo, Di, Do, Fr 12–20 Uhr, Mi 10–20 Uhr, Sa 12–18 Uhr

TIERGARTEN

Fiona Bennett

Hutmacherin Fiona Bennett bietet ihre Kreationen, die von avantgardistischen Haarreifen bis hin zum täglichen Begleiter auf dem Haupt reichen, in ihrem imposanten Laden an.
Potsdamer Straße 81–83, Tel.: 030/ 28096330, www.fionabennett.de, Öffnungszeiten: Mo–Sa 10–19 Uhr

FIONA BENNETT

Mia Abadi

—

Prag Agency

—

Warum zieht Berlin so viele junge und kreative Menschen an?
Ich glaube, es ist diese Mischung aus dem Mythos der Vergangenheit und dem Abenteuer der Zukunft. Berlin hat etwas Anarchistisches, Experimentelles, Aufregendes und Unfertiges. Darüber hinaus hat Berlin eine berauschende Clubszene, was viele junge Leute anzieht.

Ihre Mode-Tipps für Berlin-Besucherinnen?
Labels wie *Lala Berlin* und *Kaviar Gauche* haben es weit über die deutschen Grenzen geschafft und sind international erfolgreich. Die beiden Läden wurden übrigens von dem Berliner Architekten Amir Abadi entworfen. *Civilist* ist perfekt für Streetwear. Ich kaufe hier immer Männerhemden für mich. Die Mischung aus einem wunderschönen, kreativen Interieur, gepaart mit Designkollektionen zu tollen Preisen, findet man bei *& other Stories*.

Welche Museen und Galerien sollte man in Berlin gesehen haben?
Detailbesessenheit, Genauigkeit und Kunstfertigkeit filigraner Objekte am Rande der Wahrscheinlichkeit findet man in der *Strychnin Gallery*. Die Galeristin Yasha Schulz-Young hat ein Auge für die besondere Kunst, von der man meinen könnte, die Exponate sind allesamt aus dem Totentanz von Hieronymus Bosch ausgerissen und wurden vom Mittelalter in dieses Jahrhundert durch die Köpfe junger Künstler gebeamt. In den Räumlichkeiten finden neben Ausstellungen auch Konzerte, Lesungen oder Performances statt. Das vom Architekten David Chipperfield rekonstruierte *Neue Museum* ist einer meiner Lieblings-Orte zum Träumen. Ich könnte mir stundenlang die Büste der Nofretete anschauen und mir ausmalen, wie diese Frau gelebt, geliebt und geherrscht hat.

Lala Berlin – Alte Schönhauser Straße 3, Mitte / *Kaviar Gauche* – Linienstraße 44, Mitte / *Civilist* - Brunnenstraße 13, Mitte / *& other Stories* – Neue Schönhauser Straße 15, Mitte / *Strychnin Gallery* – Boxhagener Straße 36, Friedrichshain / *Neues Museum* – Bodestraße 3, Mitte

Shopping

CONCEPT STORES BIETEN EINEN
ERFRISCHENDEN MIX AN
INTERIEUR, VINTAGE-MÖBELN,
BÜCHERN UND DESIGN.

EINES FÄLLT BERLIN-BESUCHERINNEN
immer erst auf, wenn es schon zu spät ist und sie vor den verschlossenen Türen der Shops und Boutiquen stehen: die späten Öffnungszeiten in dieser Stadt. In Berlin geht es zumindest morgens etwas gemächlicher zu als in anderen Metropolen. Also gleich als Tipp vorneweg, wer gemütlich durch die Stadt bummeln will, kann ganz in Ruhe ausschlafen und ausgiebig frühstücken. Vor elf oder zwölf sollte man nicht losziehen.

Dann aber kann man in den vielen, oft noch von den Besitzern geführten Läden tolle und außergewöhnliche Sachen entdecken. Die Zeiten selbst gestrickter Stulpen und unbeholfen zusammengezimmerter Möbel sind vorbei. Heute steht schickes Design, Professionalität und Individualität im Vordergrund. So findet man etwa im Kreuzberger *Süper Store* altmodische Storchenscheren neben Schmuck von Saskia Diez, filigranen Gläsern und bunten Kelims. In dem Concept Store *Silo* in Prenzlauer Berg hingegen gibt es eine liebevolle Auswahl an Dingen aus Spanien wie Schuhe, Olivenöl, Keramikschalen und Kinderspielzeug. Herrlich zum Stöbern sind auch die gut bestückten und teils sehr spezialisierten Buchläden wie das in einem Kreuzberger Hinterhof versteckte *Motto* für Kunst- und Design-Bücher, Magazine und Fanzines oder *Pro qm* für Themen wie Architektur, Pop, Design und Stadtplanung. Auch *Do You Read Me?!* in Mitte lohnt einen Besuch: Der fantastische Laden für Zeitschriften und Magazine aus aller Welt hat bewiesen, dass Gedrucktes auf keinen Fall am Aussterben ist. Zu finden sind die Magazine von *Do You Read Me?!* auch im wunderschönen *Vitra & Artek* Concept Store im *Bikini Berlin* in Charlottenburg. Es muss also nicht immer Mitte und Prenzlauer Berg zum Shoppen sein.

So liegen im Westen der Stadt zum Beispiel auch die besten Adressen für schöne alte Möbel. Bereits in den 1970er Jahren etablierte sich in der Charlottenburger Suarezstraße eine Antik-Meile mit heute über 30 Läden, die sich Interieur, Design, Vintage-Kleidern und Kuriositäten widmen. Hier kann man sich schon mal einen ganzen Nachmittag zwischen mit Schmuck und Uhren gefüllten Regalen, Jugendstil-Schreibtischen, Bauhauslampen und Murano-Vasen verlieren. Noch mehr Antiquitäten findet man samstags und sonntags auf dem Trödelmarkt *Straße des 17. Juni* in Tiergarten, sonntags auf dem riesigen *Antikmarkt* hinter dem Ostbahnhof mit bis zu 150

BAZAR NOIR

Händlern und einmal im Jahr im Januar auf der *Design Börse Berlin* (*www.design-boerse-berlin.de*). Leider sind hier schon fast alle Stände in der Hand von Profis, und es ist kaum mehr ein Schnäppchen zu schlagen. Dafür sollte man sich dann eher an die kleineren Flohmärkte in den einzelnen Bezirken halten. Auf dem überschaubaren *Flohmarkt am Arkonaplatz* in Prenzlauer Berg, auf dem *Boxhagener Platz* in Friedrichshain und dem *Marheinekeplatz* in Kreuzberg bieten Privatleute und Händler Retro-Raritäten, Kleider, Accessoires, Sonnenbrillen, Bücher und Drucke feil. Samstags gibt es auf dem *Markt am Maybachufer* Stoffe, Handgefertigtes, Schmuck und kleine Geschenke. Noch recht neu auf der Liste der Flohmärkte sind der hippe *Nowkoelln Flowmarkt* (*www.nowkoelln.de*) am wunderschönen, mit Bäumen gesäumten Neuköllner Maybachufer und der dazugehörige *Kreuzboerg Flowmarkt* (*www.kreuzboerg.de*) in den Prinzessinnengärten am Kreuzberger Moritzplatz. Beide Märkte finden im Sommer alle zwei Wochen sonntags statt.

Ein Spaziergang über einen der Berliner Flohmärkte gehört vor allem im Sommer einfach zu einem perfekten Wochenende in der Stadt dazu. Man findet sicher eine passende Kette, um das Party-Outfit für den Abend aufzupeppen, ein kleines Geschenk für die beste Freundin oder eine hübsche Obstschale für die neue Wohnung. Selbst wer nichts kaufen möchte, schaut vorbei. Manchmal spielen Bands, auf oder DJs sorgen für den passenden Tune. Man isst eine Kleinigkeit an einem der Imbiss-Stände und beobachtet das entspannte Treiben. Denn wahrscheinlich trifft man nirgendwo in Berlin auf eine so bunte Mischung an Menschen.

— LAURA SALM-REIFFERSCHEIDT

Bücher & Magazine

CHARLOTTENBURG / WILMERSDORF

Bücherbogen am Savignyplatz

Die Buchhandlung in einem der S-Bahn-bögen ist auf Architektur, Kunst, Design, Fotografie, Mode, Bühne und internationales modernes Antiquariat spezialisiert. Weitere Niederlassungen in der National-galerie (Potsdamer Straße 50, Tiergarten) und im Stülerbau (Schlossstraße 1, Charlottenburg).
Stadtbahnbogen 593, am S-Bahnhof Savignyplatz, Tel.: 030/31869511, www.buecherbogen.com, Öffnungszeiten: Mo-Fr 10-20 Uhr, Sa 10-19 Uhr

Buchhandlung Winter

Dieser klassische Buchladen lädt zum ausgiebigen Stöbern ein. Neben teils ausgefallener Belletristik, Reiseliteratur, Kinder- und Jugendbüchern, Publikationen aus Geschichte, Gesellschaft und Politik bietet die Buchhandlung auch verschiedene Literatur-Events.
Giesebrechtstraße 18, Tel.: 030/ 80578677, www.buchhandlungwinter.de, Öffnungszeiten: Mo-Fr 10–19.30 Uhr, Sa 10–16 Uhr

KREUZBERG

Motto

In einer alten Rahmenwerkstatt in einem Hinterhof offenbart sich Design-, Fotografie-, Mode-, Grafik- und Archi-tektur-Aficionados eine Oase an Büchern, Magazinen, Monografien, Fanzines und Katalogen.
Skalitzer Straße 68, Tel.: 030/ 48816407, www.mottodistribution.com, Öffnungszeiten: Mo-Sa 12-19 Uhr

MITTE

25books

Toller, kleiner Laden des Fotografen und Verlegers Hannes Wanderer, der – wie könnte es anders sein – auf Fotografie-Bücher spezialisiert ist. Es finden auch regelmäßig Fotoausstellungen statt.
Brunnenstraße 152, Tel.: 030/43735707, www.25books.com, Öffnungszeiten: Mi, Fr und Sa 14-19 Uhr

Buchhandlung Walther König

Eine der wichtigsten Adressen für Literatur zur zeitgenössischen Kunst, Architektur und Design, regelmäßig hochkarätig besetzte Diskussionen und Lesungen.
An der Museumsinsel, Burgstraße 27, Tel.: 030/25760980, www.buchhand-lung-walther-koenig.de, Öffnungszeiten: Mo-Sa 10-19 Uhr

Do You Read Me?!

Dieser Laden beweist, dass Magazine keineswegs am Aussterben sind. Geboten wird eine unglaubliche Bandbreite an nationalen und internationalen Magazinen und zeitgenössischen Publikationen aus über 20 Ländern. Im C/O Berlin (Hardenbergstraße 22-24) in Charlottenburg gibt es einen Satellite Store von Do You Read Me?!. *Auguststraße 28, Tel.: 030/69549695, www.doyoureadme.de, Öffnungszeiten: Mo-Sa 10-19.30 Uhr*

Dussmann das Kulturkaufhaus

Auf fünf Etagen findet man wirklich alles, um jegliche kulturellen Gelüste zu stillen: Belletristik, Fachliteratur, Reiseliteratur, Kinder- und Jugendbücher, Hörbücher, Musik, Filme, Schreibwaren und einen gut sortierten English Bookshop. Die langen Öffnungszeiten sind genial. *Friedrichstraße 90, Tel.: 030/20251111, www.kulturkaufhaus.de, Öffnungszeiten: Mo-Fr 9-24 Uhr, Sa 9-23.30 Uhr*

Gestalten Space

Neben den Publikationen vom Gestalten Verlag gibt es auch Produkte von ausgewählten Designern, Künstlern und Marken wie Saskia Diez, Denise Reytan, Lobmeyr und Marimekko zu kaufen. Es finden auch Ausstellungen und Vorträge statt. *Sophie-Gips-Höfe, Sophienstraße 21,*

BÜCHERBOGEN

Tel.: 030/20215821, www.gestalten.com, Öffnungszeiten: Mo-Sa 12-19 Uhr

Hundt Hammer Stein

Dieser kleine, gut sortierte Buchladen besticht durch die tolle und ausgiebige Beratung von Inhaber Kurt von Hammerstein und seinem Team. Wer einmal hier einkauft, wird immer wieder kommen. Neben den aktuellen deutschen Belletristik- und Sachbuch-Titeln gibt es eine große Auswahl an englischen Büchern, Publikationen über Berlin, Kinder- und Geschenkbücher. *Alte Schönhauser Straße 23/24, Tel.: 030/ 23457669, www.hundthammerstein.de, Öffnungszeiten: Mo-Sa 11-19 Uhr*

Ocelot

Die moderne, geräumige Buchhandlung zeigt Pioniergeist. So gibt es ein breites Sortiment an Büchern auch als E-Books. Und das Café im Laden lädt zu einer kleinen Schmöker-Pause ein. *Brunnenstraße 181, Tel.: 030/97894592, www.ocelot.de, Öffnungszeiten: Mo-Sa 10-20 Uhr*

Pro qm

Wer sich für Architektur, Design, Stadtplanung, Politik, Ökonomiekritik, Kunst und

PRO QM

Beauty & Entspannung

ASPRIA BERLIN KU'DAMM

Neben einem 25 Meter Sportpool, einem Functional Training Gym und fünf Lofts für über 190 Kurse pro Woche bietet Aspria seinen Mitgliedern und Gästen auch einen traumhaften Spa mit Dachterrasse sowie eine exzellente Kinderbetreuung.
Karlsruher Straße 20, Tel.: 030/890688872, www.aspria.de, Öffnungszeiten: Mo–Fr 6–23 Uhr, Sa & So 8–22 Uhr

DERMALOGICA FLAGSHIPSTORE

Play, Learn, Shop – das ist das Motto im Dermalogica Flagship Store. Der bietet Erlebnis-Shopping und innovative Gesichtsbehandlungen in einem. Je nachdem wie viel Zeit Sie mitbringen, können Sie sich eine individuelle Gesichtsbehandlung von professionellen Hautpflege-Experten gönnen, an der Skin Bar nach Herzenslust probieren und beim Face Mapping viel über die eigene Haut erfahren. Oder wollen Sie nur eben Ihren Dermalogica Liebling einkaufen? Auch das ist im Dermalogica-Flagship Store möglich.
Fasanenstraße 67, Tel.: 030/253277610, www.dermalogica.de, Öffnungszeiten: Mo–Fr 11–19 Uhr, Sa 10–18 Uhr

ZEITWUNDER BERLIN

In dem innovativen Kosmetik-Store Zeitwunder verbinden sich regenerative Pflege und luxuriöse Kosmetik: Individuell zugeschnittene Anwendungen und Pflegeprodukte sorgen für anhaltende Resultate.
Grolmanstraße 27/28, Tel.: 030/88718931, www.zeitwunder.com, Öffnungszeiten: Mo–Sa 10–18 Uhr

KUSMI TEA

In seinem Flagship Store im BIKINI Berlin bietet das französische Teehaus Kusmi Tea neben exklusiven, traditionellen Mischungen eine große Auswahl an Grün- und Schwarztee, sowie passende Accessoires rund um das Thema Tee an.
Budapester Straße 38, Tel.: 030/ 26557344, www.kusmitea.com, Öffnungszeiten: 10–20 Uhr

PYLONES

In seinen zwei Berliner Läden bietet Pylones farbenfrohe und verspielte Alltagsobjekte, die vor Lebensfreude strahlen und sich jederzeit perfekt als Geschenk oder Mitbringsel eignen.
Kurfürstendamm 225, Tel.: 030/ 92362488, www.pylones.com, Öffnungszeiten: Mo-Sa 10-21 Uhr

Mode

LENA HOSCHEK

Die Mode von Lena Hoschek ist geprägt von Silhouetten vergangener Epochen, femininer Sinnlichkeit und wird aus exquisiten Materialien mit höchster Sorgfalt in kleinen Betrieben in Europa hergestellt.
Kastanienallee 18, Westend, Tel.: 030/ 58581330, www.lenahoschek.com

ROSENTHAL BERLIN

Überraschende Konzepte, trendiges Design und vielfältige Inspirationen rund um Porzellan, Glas, Besteck und edle Accessoires.
Kurfürstendamm 200, Tel.: 030/ 88681574, www.rosenthal.de, Öffnungszeiten: Mo-Fr 10-19 Uhr, Sa 10-18 Uhr

die Theorien dahinter interessiert, ist hier richtig. Der Fokus passt sich immer an die Themen an, an denen die Gründer und ihre Mitarbeiter – Architekten, Studenten, Autoren oder Kuratoren – gerade arbeiten. *Almstadtstraße 48–50, Tel.: 030/ 24728520, www.pro-qm.de, Öffnungszeiten: Mo–Sa 11–20 Uhr*

Soda Books
Wer auf der Suche ist nach ausgefallenen Magazinen für Lifestyle, Design, Reise, Mode und mehr, wird in diesem Laden definitiv fündig. *Weinbergsweg 1, Tel.: 030/43733700, www.sodabooks.com, Öffnungszeiten: Mo–Fr 11–19 Uhr, Sa 12–19 Uhr*

PRENZLAUER BERG

Saint Georges
In dem Bookshop findet man eine riesige Auswahl an neuen und gebrauchten englischsprachigen Büchern. Ebenso eine tolle Bandbreite zur deutschen Geschichte und Philosophie. Der charmante Inhaber Paul Gurner aus London veranstaltet auch

regelmäßig Lesungen von jungen oder noch unbekannten Autoren und Poeten. *Wörther Straße 27, Tel.: 030/81798333, www.saintgeorgesbookshop.com, Öffnungszeiten: Mo–Fr 11–20 Uhr, Sa 11–19 Uhr*

Möbel & Lifestyle

CHARLOTTENBURG / WILMERSDORF

B 3 (Vintage-Möbel)
Wer Charlottenburgs Antiquitäten- und Designmeile ansteuert, sollte unbedingt bei B3 vorbeischauen. Hier findet man eine schöne Auswahl an Design-Klassikern aus dem 20. Jahrhundert. *Suarezstraße 47, Tel.: 0172/9375527, www.b3-moderne.de, Öffnungszeiten: Mo–Fr 15–20 Uhr, Sa 11–16 Uhr*

Firma London (Vintage-Möbel)
Firma London ist einer dieser Läden, wo man sofort alles kaufen würde, wenn Geld kein Thema wäre. Der Fokus liegt auf sorgfältig ausgewählten Mid 20th Century

Möbeln und Lampen. Mehr zu sehen gibt es – nur mit Termin – im Lager in Charlottenburg (Lise-Meitner-Straße 7, Sa 12-15 Uhr). *Bleibtreustraße 50, Tel.: 030/83210893, www.firmalondon.com, Öffnungszeiten: Di-Fr 12-19 Uhr, Sa 12-17 Uhr*

FRIEDRICHSHAIN

Original in Berlin
Ein Besuch des riesigen Showrooms lohnt sich schon wegen der Lage. Untergebracht in einer der DDR-Prachtplatten, die die breite Straße säumen, findet man auf 500 Quadratmetern sehr originelle und ausgewählte Mid-Century-Stücke. Daneben gibt es noch Accessoires des österreichischen Designers Carl Auböck. Man kann auch ausgiebig im Online-Shop stöbern. *Karl-Marx-Allee 83, Tel.: 030/60936046, www.originalinberlin.com, Öffnungszeiten: Do & Fr 12-19 Uhr, Sa 12-16 Uhr*

KREUZBERG

Bazar Noir
Dieser elegante, minimalistische Store bietet erlesene Vintage-Stücke, handgemachte Möbel und Accessoires von lokalen und internationalen Designern. Wer auf der Suche nach etwas ganz Besonderem ist, wird hier fündig. *Kreuzbergstraße 78, Tel.: 030/64076733, www.shop.bazar-noir.com, Öffnungszeiten: Di-Fr 11-16 Uhr, Sa 11-18 Uhr*

Boucherie & Söhne
Das Ehepaar Simon und Nina Boucherie, er Filmset-Ausstatter und sie Kostümbildnerin, hat ein Gespür für schöne Einrichtung. Sie richten nicht nur Wohnungen und Häuser ein, sondern verkaufen in ihrem Showroom originelle Möbel und Lampen. Sie fertigen auch alles auf Wunsch an, vor allem stylische Holztische mit knalligen Stahlfüßen. *Friesenstraße 13, Tel.: 030/62736260, www.boucherie.de, Öffnungszeiten: Sa 11-16 Uhr und nach Terminabsprache*

District Six Store
Hier gibt es erlesene Stücke von südafrikanischen Designern. Neben wunderschönen Kissen, Keramikstücken, Schmuck und anderem Accessoire findet man auch originelle Geschenke für die Daheimgebliebenen – etwa einen herrlich duftenden Lippenbalsam oder Weine aus Südafrika. *Graefestraße 80, Tel.: 030/28456216, www.districtsix.de, Öffnungszeiten: Di-Fr 11-19 Uhr, Sa 11-17 Uhr*

DISTRICT SIX

TIPP: HALLESCHES HAUS

In dem ehemaligen Nachtclub werden alle fündig, die nach ausgefallenen Accessoires, Interieur, Bad- und Haushaltsgegenständen suchen. Im dazugehörigen Café kann man bei Bananenbrot und Cappuccino überlegen, ob man die Kaktusvase doch noch kaufen soll.

Tempelhofer Ufer 1, Tel.: 0176/84138777, www.hallescheshaus.com, Öffnungszeiten: Mo-Fr 9-19 Uhr, Sa 11-16 Uhr

---

Siggi Spiegelburg

Modedesignerin & Unternehmerin

Ihre liebsten Läden für Mode & Accessoires in Berlin?

Für einen modischen Überblick gehe ich immer gern ins *Quartier 206*, *KaDeWe*, *The Corner*. Mit meiner Tochter Lilli muss ich in die Vintage-Läden: Da ist *Rianna in Berlin* mit tollen Brands und eigener Kollektion. Die Mommsenstraße in Charlottenburg ist gespickt mit Vintage-Läden. Die Suarezstraße in Charlottenburg habe ich durch Zufall entdeckt. Da gibt es eine gelungene Mischung aus Antique- und Vintage-Läden. Für Kindersachen und Spielzeug ist *Die kleine Gesellschaft* eine Traumwelt. Am Wochenende findet man mich immer auf dem *Flohmarkt Straße des 17. Juni*.

Berlin ist …?

… eine brodelnde, spannende Stadt. Wenn ich aus Münster kommend unsere Wohnungstür in Berlin öffne, fühle ich mich wie in New York. Toll sind die unterschiedlichen Nationalitäten, und du kannst dich anziehen, wie du magst. Keiner stört sich daran.

Verraten Sie uns Ihre Lieblingsrestaurants und Cafés?

Ich liebe das Frühstück im *Gipfeltreffen*. Die asiatischen Restaurants brauche ich als Abwechslung, z.B. *Monsieur Vuong*. Um die Ecke unserer Wohnung ist das russische *Pasternak*.

Was sind die kulturellen Highlights?

Das Gallery Weekend ist einfach toll. Da ist die internationale Kunstszene unterwegs. Sir Simon Rattle in der *Berliner Philharmonie* erleben. Einen Tag mit dem Fahrrad die Museen besuchen.

Quartier 206 – Friedrichstraße 71, Mitte / *KaDeWe* – Tauentzienstraße 21-24, Charlottenburg / *The Corner Berlin* – Französische Straße 40, Mitte / *Rianna in Berlin* – Große Hamburger Straße 25, Mitte / *Die Kleine Gesellschaft* – Friedrichstraße 129, Mitte & Rykestraße 41, Prenzlauer Berg / *Flohmarkt Straße des 17. Juni*, am S-Bahnhof Tiergarten, Tiergarten / *Gipfeltreffen* – Görlitzer Straße 68, Kreuzberg / *Monsieur Vuong* – Alte Schönhauser Straße 46, Mitte / *Pasternak* – Knaackstraße 22-24, Prenzlauer Berg / *Berliner Philharmonie* – Herbert-von-Karajan-Straße 1, Tiergarten

BERLIN FÜR MÜTTER & KINDER

Wer mit den Kindern in Berlin unterwegs ist, kommt an einem Stadtteil nicht vorbei: dem Prenzlauer Berg, liebevoll spöttisch auch „pregnancy hill" genannt. Denn ja – es stimmt! Es gibt dort sehr viele Kinder. Und deshalb auch ganz tolle Angebote für Familien. Also stürzen wir uns ins Klischee und genießen einfach mal diese Kinder-Oase mitten in der Hauptstadt. Es gibt diesen schönen Satz: Zufriedene Mütter haben zufriedene Kinder. Und weil wir daran fest glauben, würden wir gerne jede Mutter ins *Cowshed Spa* des Soho House (Torstraße 1, Mitte) schicken. Oder man kann in der Schwangerschaftspraxis *Mamunette* (Winsstraße 32, Prenzlauer Berg) vorbeischauen. Die Physiotherapeutin Sandya Kahrmann knetet Schwangeren die Verspannungen aus dem Körper und verhilft nach der Geburt durch die indische Wochenbettmassage zu einem flacheren Bauch.

Von *Mamunette* aus kann man dann relaxed weiterbummeln, nur fünf Minuten entfernt liegt der schöne Spielzeugladen *Die Schatzinsel* (Marienburger Straße 5, Prenzlauer Berg). Dort findet man alles: vom Glitzertattoo bis zum Kinderbesteck. Nur ein paar Häuser weiter gibt es bei *Me and my Mum* (Marienburger Straße 2, Prenzlauer Berg) Kindermode aus Skandinavien (z.B. *Smallstuff*, *Minymo*) und schöne Stoffe, aus denen die Eigentümerinnen Bettnester oder Kissen nähen. Weitere Kinderläden-Highlights im Kiez: *C37* (Choriner Straße 37, Prenzlauer Berg) mit Bettwäsche von *Lieblingskaro*, Schühchen von *Anna und Paul* und Mode von *Kidscase*, das *Kinderkaufhaus* (Brunnenstraße 24, Mitte) mit Möbeln von *Bopita*, Klamotten von *Petit Bateau* und *Spielsachen*, *Winzig und Klein* (Veteranenstraße 24, Mitte), *Tiny* (Schröderstraße 14, Mitte), *Petite Boutique* (Auguststraße 26a, Mitte) und *Lila Lämmchen* (Dunckerstraße 79, Prenzlauer Berg) mit der größten Auswahl an Naturtextilien. Kleine Leseratten finden Bücher aus aller Welt und in allen Sprachen bei *Mundo Azul* (Choriner Straße 49, Prenzlauer Berg) – der wirklich schönste Kinderbuchladen weit und breit.

So, genug geshoppt. Hunger? Im *Spielzimmer* (Schliemannstraße 37, Prenzlauer Berg) toben die Kleinen im Bällebad oder auf der Rutsche, während Mama gemütlich ihren Kaffee trinkt und Kuchen isst. Auch im *Milchbart* (Paul-Robeson-Straße 6, Prenzlauer Berg) können Eltern entspannt Zeitung lesen und quatschen, während der Nachwuchs das Spielzeug ausprobiert.

Im Sommer ist Berlin für Kinder großartig, überall sind Parks und Spielplätze zum Herumtoben. Für Abenteurer ab sechs Jahren ist der *Bauspielplatz* in der Kollwitzstraße 37 (Prenzlauer Berg) perfekt. Hier werden aus Brettern Hütten gebaut, betreut werden außerdem Aktivitäten wie Töpfern, Schmieden und Tischlern. Wer Abkühlung braucht, geht danach ins Kinderbad *Monbijou* (Oranienburger Straße 78, Mitte). Dort wird in zwei Becken und mit Blick auf die Museumsinsel geplantscht – mehr Berlin-Feeling geht nicht. Badespaß ohne Chlor gibt's im *Strandbad Plötzensee* (Nordufer 26, Wedding). Das traditionsreiche Freibad ist wegen des breiten Strandes und flach abfallenden Wassers ideal für Kinder.
DER Tipp für verregnete Sonntage: Das *Puppentheater Prenzlkasper* (Marienburger Straße 39, Prenzlauer Berg) zeigt Klassiker wie Rotkäppchen und Peter und der Wolf. Oder das *MACHmit! Museum für Kinder* (Senefelderstraße 5, Prenzlauer Berg) mit tollen wechselnden Ausstellungen. Außerdem können Kinder hier durch ein Spiegelkabinett laufen, Seife herstellen oder Porzellan bemalen.

Super Service bietet das Stadtmagazin *Himbeer* (*www.himbeer-magazin.de*), das alle zwei Monate erscheint und kostenlos in vielen Kindergeschäften aufliegt. Der Veranstaltungskalender listet alle Angebote rund um Kind und Familie auf und empfiehlt neue Läden. Unbedingt lesen!
– KATHARINA NACHTSHEIM

PETITE BOUTIQUE

VINTAGE GALORE

Süper Store

Wer es erst mal geschafft hat, im Graefe-Kiez zum fünften bezaubernden Café nein zu sagen, findet sich schnell vor dem Süper Store wieder. Die Adresse ist essenziell, wenn man auf der Suche nach einem individuellen Geschenk für die besten Freunde oder sich selbst ist.
Dieffenbachstraße 12, Tel.: 030/ 98327944, www.sueper-store.de, Öffnungszeiten: Di-Fr 11-19 Uhr, Sa 11-16 Uhr

MITTE

10119

Traumhafte und erlesene Mischung an Möbel-Klassikern, Vintage-Stücken, Accessoires, zeitgenössischem Design und eigenen Produkten der Gründerin und Interior-Designerin Sandra Müller.
Linienstraße 106, Tel.: 030/28094714, www.10119.de, Öffnungszeiten: Di-Fr 12-19 Uhr, Sa 12-18 Uhr

Fischer & Trierweiler

Künstler Uwe Trierweiler und Möbelschreiner Fred Fischer verkaufen in ihrem hübschen Laden in Mitte alte Schätze wie Silberbesteck, Wedgwood-Porzellan und antike Lampen mit neuen, selbstentworfenen Schirmen sowie von Fischer entworfene und geschreinerte Möbel.
Rosa-Luxemburg-Straße 16, Tel.: 030/ 28042290, www.fischertrierweiler.de, Öffnungszeiten: Di-Sa 13-19 Uhr

Parkhaus

Detailverliebte Accessoires und Interieur. Die perfekte Oase für alle, die nach dem letzten Feinschliff oder ein originelles Geschenk suchen.

Schröderstraße 13, Tel.: 030/44012460, www.parkhausberlin.de, Öffnungszeiten: Di-Fr 12-19 Uhr, Sa 12-18 Uhr

Stue (Vintage-Möbel)

Das Stue bietet seinen Kunden eine tolle Auswahl an Möbeln und Accessoires aus dem 20. Jahrhundert und überwiegend aus Dänemark an. Man findet auch zeitgenössische Keramik, Schmuck und Kunst.
Torstraße 70, Tel.: 030/24727650, www.stueberlin.de, Öffnungszeiten: Mo-Sa 13-19 Uhr

NEUKÖLLN

Vintage Galore (Vintage-Möbel)

Mid-Century Design, Möbel und Lampen aus Skandinavien.
Sanderstraße 12, Tel.: 030/63963338, www.vintagegalore.de, Öffnungszeiten: Di-Fr 14-20 Uhr, Sa 12-18 Uhr

PRENZLAUER BERG

TIPP: FRIEDRICHSLUST (VINTAGE-MÖBEL)

In dem Hinterhofladen stößt man auf Schönes und Skurriles aus vergangener Zeit. Inhaber Friedrich Michael Schreiber kreiert auch märchenhafte Waldgötter aus Birkenrinde. Eine der Skulpturen steht im Garten des Sängers Sting. Mitbesitzer Uwe Mozedlani bietet Stücke von internationalen Modelabels und sein eigenes Design an.

Schönhauser Allee 8, Hinterhaus, Tel.: 030/51736256, www.friedrichslust.de, Öffnungszeiten: Sa 12-18 Uhr und nach Vereinbarung

Silo

In dem minimalistischen Concept Store gibt es eine feine Auswahl an schönen spanischen Produkten – vom Radiergummi

KADEWE

Innovativ, luxuriös und wegweisend – das KaDeWe zählt zu den bedeutendsten Warenhäusern Deutschlands und zu den renommiertesten in ganz Europa. Mit seiner beeindruckenden über 100-jährigen Geschichte ist das KaDeWe zu einem unverwechselbaren Markenzeichen geworden. Es steht für ein außergewöhnliches Shopping-Erlebnis, internationales Markenportfolio und exzellenten Service.

Mit der Eröffnung der Sneaker Hall im April 2015 präsentiert das KaDeWe ein weiteres Highlight im Bereich „Contemporary Fashion". Angesagte Sneaker-Modelle von Brands wie Acne, Adidas, APC, IRO, Kenzo, Nike, New Balance, Maison Martin Margiela und viele mehr werden auf einer Fläche von 200 Quadratmetern im Lichthof der ersten Etage in Szene gesetzt. Neben zahlreichen Sneakern ist die spektakuläre Lichtinstallation des renommierten Architektenateliers Gonzalez Haase AAS, das zuvor namhafte nationale und internationale Projekte wie z. B. Andreas Murkudis + Aspesi im Bikini Berlin betreut hat, Highlight der neuen Sneaker Hall.

Tauentzienstraße 21–24,
Tel.: 030/21210, www.kadewe.de,
Öffnungszeiten: Mo-Do 10–20 Uhr,
Fr 10–21 Uhr, Sa 9.30–20 Uhr

über bunte Ketten und Schals bis hin zu Kleidern und Taschen, Keramikschalen und Sardinen in der Dose.
Senefelderstraße 33, Tel.: 030/52684633, www.silo-store.com, Öffnungszeiten: Mo-Sa 11-19 Uhr

SCHÖNEBERG

J&V (Vintage-Möbel)
Jools und Vince wählen jedes Stück, das sie in ihrem Laden und online verkaufen, liebevoll aus. Zu finden sind Vintage Industrial Originale und Skurrilitäten.
Barbarossastraße 61, Tel.: 0173/6007133 oder 0163/2907831, www.jandv.eu, Öffnungszeiten: Mi-Fr 12-19 Uhr, Sa 10-16 Uhr

Papier & Handwerk

KREUZBERG

Modulor
Das Planet Modulor im Aufbau Haus ist Pilgerort für Künstler und Bastler. Hier gibt es auf drei Etagen über 20.000 Materialien aus Holz, Papier, Metall und Kunststoff.
Prinzenstraße 85, www.modulor.de, Öffnungszeiten: Mo-Fr 9-20 Uhr, Sa 10-18 Uhr

MITTE

Luiban
Liebevoll ausgewähltes Angebot an wunderschönen Papieren, Notizbüchern, Blöcken, Stiften und Täschchen.
Rosa-Luxemburg-Straße 28, Tel.: 030/ 88941192, www.luiban.com, Mo-Sa 12-20 Uhr

R.S.V.P.
In dem kleinen, schlicht gehaltenen Laden gibt es schöne Schreibwaren aus der ganzen Welt wie Reisejournale von Sukie, Kugelschreiber von Caran d'Ache und Füllfederhalter von Kaweco. Gleich gegenüber (Mulackstraße 26) hat R.S.V.P. einen zweiten Laden eröffnet. Hier gibt es wunderschönes Geschenkpapier.
Mulackstraße 14, Tel.: 030/28094644, www.rsvp-berlin.de, Öffnungszeiten: Mo-Do 11-19 Uhr, Fr & Sa 11-20 Uhr

Sofortbild-Shop
Ein Shop für Sofortbild-Nostalgiker. Im Angebot stehen Polaroid-Kameras, Filme, Seminare und Ausstellungen rund ums Thema.
Mulackstraße 22, Tel.: 030/93955342, www.sofortbild-shop.de, Öffnungszeiten: Mo-Fr 11-19 Uhr, Sa 12-18 Uhr

Typehype
Hinter dieser Mischung aus Kaffeebar und Designshop stehen Kirsten Dietz und Jochen Rädeker vom Designbüro Strichpunkt. Der Laden ist im Stil einer alten Druckerei eingerichtet und neben gedruckten Papierwaren, Kissen, Accessoires und Feinkost bekommt man auch köstlichen Kaffee und kleine Snacks.
Rosa-Luxemburg-Straße 9-13, Tel.: 030/27591404, www.typehype.com, Öffnungszeiten: Mo-Sa 8-20 Uhr

Blumen

MITTE

Bloomy Days
Eigentlich eine Online-Plattform für
Schnittblumen-Abos: Sooft und solange
man will, bekommt man frische Blumen
nach Hause geliefert. Aber in den Büro-
räumen von Bloomy Days werden auch
ganz analog Sträuße verkauft.
Gormannstraße 14, Tel.: 030/91501191,
www.bloomydays.com

Brutto Gusto
Im Brutto Gusto werden nicht nur wunderschöne Blumen und besondere Gefäße
verkauft, sondern es finden auch regelmäßig Ausstellungen statt.
Torstraße 175, Tel.: 030/30874646,
www.bruttogusto.com, Öffnungszeiten:
Mo–Sa 10–18 Uhr

Marsano Blumen
Blumen, Vasen und Möbel. Im Angebot
stehen auch Daueraufträge für Blumen-
sträuße und verschiedene Workshops
zum Thema.

TYPEHYPE

Charlottenstraße 75, Tel.: 030/2061473,
www.marsano-berlin.com, Öffnungs-
zeiten: Mo–Fr 10–19 Uhr, Sa 10–16 Uhr

Flohmärkte

Antikmarkt am Ostbahnhof
Auf einem riesigen Areal hinter dem Ost-
bahnhof bauen jeden Sonntag bis zu 150
Händler ihre Stände auf. Zu kaufen gibt es
antike Möbel, Porzellan, Schmuck, Sammel-
ware wie Briefmarken oder alte Postkarten,
antiquarische Bücher und Schallplatten.
Erich–Steinfurth–Straße 1,
Friedrichshain, Tel.: 030/29002010,
Öffnungszeiten: So 8–16 Uhr

Flohmarkt Straße des 17. Juni
Dieser Flohmarkt bietet hochwertige und
leider oft auch teure Vintage- und Antik-
möbel, Bücher, Bilderrahmen, Gegenstände
aus Silber, Messingbeschläge für Türen und
Fenster, Kerzenständer und vieles mehr.
Viel Zeit zum Stöbern mitnehmen.
Straße des 17. Juni am S-Bahnhof
Tiergarten, Tiergarten, Tel.: 030/
26550096, www.berlinertroedelmarkt.de,
Öffnungszeiten: Sa & So 10–17 Uhr

FRIEDRICHSLUST

BRUTTO GUSTO

Kreuzboerg Flowmarkt

Kleiner Markt, der noch fest in der Hand von Privatverkäufern ist. Zu finden sind Secondhand-Kleider, Spielsachen, Trödel und Krimskrams. Allein für die schöne Lage in den Prinzessinnengärten lohnt sich ein Besuch.
Prinzenstraße 35 in den Prinzessinnengärten, Kreuzberg, info@kreuzboerg.de, www.kreuzboerg.de, Öffnungszeiten: Im Sommer jeden zweiten Sonntag von 10–18 Uhr

Nowkoelln Flowmarkt

Am idyllischen Maybachufer gibt es Secondhand-Klamotten von Privatleuten, Kunst, Musik und Handgemachtes wie Taschen, Schmuck und Geschenke. Und immer findet man kleine Stände mit Köstlichkeiten dazwischen.
Maybachufer 31, Kreuzberg, info@nowkoelln.de, www.nowkoelln.de, Öffnungszeiten: Im Sommer jeden zweiten Sonntag von 10–18 Uhr

Trödelmarkt Arkonaplatz

Angenehm überschaubar und viele gute Stände mit Design-Möbeln, Lampen und Krimskrams. Auch wenn die Preise hier in den letzten Jahren etwas angezogen haben, kann man immer noch das eine oder andere Schnäppchen schlagen.
Arkonaplatz, Prenzlauer Berg, Tel.: 030/7869764, www.troedelmarktarkonaplatz.de, Öffnungszeiten: So 10–16 Uhr

The Destination
for Design.

Auping Bretz bulthaup COR Fritz Hansen ligne roset
Montana Team 7 vitra. u.v.m.

Denise J. Reytan

Schmuckdesignerin & Künstlerin

Welcher Bezirk inspiriert Sie und warum?

Ganz Berlin ist eine großartige, impulsive Stadt, die man immer wieder neu entdeckt. Ich lebe in Kreuzberg und Neukölln und mich inspirieren diese beiden Bezirke am meisten. Hier vermischen sich die unterschiedlichsten Kulturen, von orientalisch bis alternativ, von Punk bis Dandy. Dadurch entstehen ganz neue Kombinationen, vor allem in Sachen Kunst, Mode und Musik. Schon mal eine türkische Rockabilly mit Kopftuch gesehen? Hier kann jeder machen und aussehen, wie er will und keinen stört es. Berlin ist wirklich etwas ganz Besonderes.

Wie schlagen Sie sich die Nächte um die Ohren?

Am liebsten natürlich mit meinen Freundinnen! Wir gehen gerne nach Kreuzkölln, z.B. auf die Hobrecht- oder Weserstraße. Dort hat sich in den letzten Jahren eine richtige Kneipenszene gebildet. Es gibt viele schöne Bars mit köstlichen Drinks und leckerem Bier!

Wohin gehen Sie, um gut zu essen?

Sehr zu empfehlen ist die *Markthalle Neun* in Kreuzberg. Dort findet jeden Donnerstag der Street Food Thursday statt. Da kann man viele Kleinigkeiten aus den verschiedensten Ecken der Welt probieren. Das macht großen Spaß.

Ihre liebsten Shops?

Kado im Graefekiez verkauft die köstlichste Lakritze. Hier vereinen sich die unterschiedlichsten Lakritzsorten aus der ganzen Welt. Unbedingt probieren, aber vorsicht: Sie machen süchtig. Die besten Nüsse gibt es bei den Eichhörnchen *Ed & Fred* auf der Sonnenallee. Ich liebe die geräucherten Mandeln.

Markthalle Neun – Eisenbahnstraße 42/43, Kreuzberg / *Kado* – Graefestraße 20, Kreuzberg / *Ed & Fred Nussdepot* – Sonnenallee 73, Neukölln

AMERICANO 1,80
CAPPUCCINO 2,20
LATTE MACCHIATO 2,80
LATTE DOPPIO 3,40
SCHOKOLADE 2,60
CHAI LATTE 2,80
TEE 2,-

Essen & Trinken

---

*JUNGE, EXPERIMENTIERFREUDIGE
KÖCHE AUS ALLER WELT HABEN
EINE STREET FOOD REVOLUTION
AUSGELÖST.*

WER
JUNG
BLEIBEN
WILL MUSS
FRÜH
DAMIT
ANFANGEN.

VÖSLAUER
& Sienna Miller

#jungbleiben

BERLINERINNEN SIND WAHRE Genießerinnen. Ein gelungener Abend mag zwar an allen möglichen Orten enden, doch beginnen sollte er immer mit einem köstlichen Essen und ein paar guten Drinks. Eine durchschnittliche Currywurst-Bude oder ein bloß passabler Italiener in der Nachbarschaft genügt nicht mehr, um die Gelüste zu befriedigen. Denn es wird immer mehr auf die Qualität des Essens geachtet. Die Geschmäcker sollten außergewöhnlich und authentisch, die Speisen kreativ, die Location besonders, die Zutaten möglichst bio, saisonal und regional sein und die Stimmung natürlich fantastisch.

Den hohen Ansprüchen werden mittlerweile eine ganze Menge an Restaurants, Imbissen und Cafés gerecht, etwa das *Lokal* in Mitte. Das gemütliche und angenehm schlichte Restaurant hat erfolgreich bewiesen, dass die deutsche Küche mehr als nur Spätzle und Schnitzel kann. Erwähnenswert sind auch die lässige deutsch-österreichische Weinbar *Cordobar*, das *Mogg & Melzer* in der ehemaligen Jüdischen Mädchenschule, das sogar von New Yorkern für seine hervorragenden Pastrami-Sandwichs bejubelt wird, das süße *Concierge Coffee* in einer Kreuzberger Pförtnerloge oder der Imbiss *Ban Ban Kitchen* im tiefen Neukölln, wo man koreanisches Street-Food bekommt. Etwas ganz Besonderes ist auch die *Thai Wiese* im Preußenpark in Wilmersdorf. An warmen Sonntagnachmittagen trifft sich hier die Thai-Community und bietet ihre hausgemachten Köstlichkeiten feil.

Und nicht zu vergessen: mein absoluter Favorit, das *Bandol sur Mer* in Berlins angesagter Torstraße. Gerade hat das Restaurant einen Michelin-Stern verliehen bekommen. Man bekommt außergewöhnliche Gerichte, die vom Preis her eher mit einem normalen Bistro vergleichbar sind. Die Atmosphäre ist dazu noch angenehm unprätentiös, es wird Musik vom Wu-Tang Clan gespielt, und der Service ist großartig. Nicht umsonst ist das *Bandol sur Mer* auch eines der Lieblingsrestaurants von Angelina Jolie und Brad Pitt. Und so wird in der Food-Szene immer öfter ein Zeichen damit gesetzt, dass hochwertige Speisen und gewagte Konzepte nicht unbedingt hohe Preise bedeuten müssen.

Ein perfektes Beispiel hierfür ist etwa *Big Stuff Smoked BBQ*. Vier Tage die Woche pilgern die Massen zu dem Stand in der Kreuzberger *Markthalle Neun* und stellen sich geduldig an, um eine Portion des kunstvoll angerichteten und saftigen Rauchfleischs zu ergattern, bevor es ausverkauft ist. Dieses Geschmackserlebnis sollte man sich nicht entgehen lassen.

Wer auf der Suche nach den klassischen Berliner Institutionen ist, die immer noch mit all den Neueröffnungen in der Stadt mithalten können, wird im alten Westen fündig. In der Gegend rund um die Kantstraße kann man sich im traditionsreichen Feinkostladen *Rogacki* an all den Köstlichkeiten kaum sattsehen. Nicht weit davon entfernt stößt man auf einige der besten asiatischen Restaurants, wie das Thailändische *Papaya Issan* oder das Taiwanesische *Lon Men's Noodle House*, wo es traumhafte hausgemachte Chili-Wan-Tans gibt. Und wen noch ein nächtliches Hungergefühl packt, der spaziert zu dem russischen Supermarkt und Imbiss *Rossia* am Stuttgarter Platz, der 24 Stunden geöffnet hat. Hier sollte man die mit Kirschen gefüllten Pelmenis ausprobieren und dazu einen ukrainischen Wodka trinken. Und natürlich passiert in Charlottenburg auch viel Neues. So hat Roland Mary, Besitzer des legendären *Borchardts*, mit dem opulenten *Café Grosz* im Cumberland Haus am Kurfürstendamm den Sprung von Mitte bereits hierher gewagt. Viele weitere werden bestimmt bald folgen.

Doch was Innovation und Kreativität angeht, scheint Kreuzberg gerade der Hotspot der Food-Szene zu sein. Im Zentrum dieser Revolution steht der *Street Food Market*. Jeden Donnerstag tummeln sich hier Menschen aus der ganzen Stadt, um sich an rund 50 Ständen durch die Köstlichkeiten aus aller Welt zu probieren. Äußerst passend zu diesem immer noch rebellischen Stadtteil gibt es sogar eine Party-Reihe, die dem Motto *Burgers & Hiphop* gewidmet ist. Und im Sommer lockt an einigen Wochenenden das Street Food Event *Bite Club*. Gegessen wird auf einem ausgedienten Boot auf der Spree. Hinzu kommen die vielen Pop-up-Restaurants und Supperclubs, die regelmäßig stattfinden. Hobby-Köche oder Profis bekochen ihre Gäste in der eigenen Küche oder mieten eine coole Location an. Man kann die Köche auch zu sich nach Hause bestellen (*www.kitchensurfing.com/ berlin*), um einen besonderen Abend für Freunde zu organisieren. Ständig entstehen neue spannende Ideen wie die *Markthalle Neun*, der *Bread Exchange* (*thebreadexchange.com*) von der Schwedin Malin Elmlid, die selbst gebackenes Brot gegen alles, außer Geld, tauscht.

Wer in Berlin also in die dynamische, sich ständig wandelnde Food-Szene jenseits der etablierten Restaurants eintauchen möchte, kann sich bei *www.stilinberlin.de*, *www.berlinfoodstories.com*, *www.ceecee.cc* und *www.sugarhigh.de* auf dem Laufenden halten. — KAVITA MEELU

THURSDAY STREET FOOD MARKET

Frühstück & Café

CHARLOTTENBURG / WILMERSDORF

Grosz

Seit 2012 residiert das einem französischen Café nachempfundene Grosz im imposanten Cumberland-Haus am Ku'Damm. Die hervorragende Zitronentarte und eine Etagère zur Tea Time sind ein Muss. Dazu gehört die Pâtisserie L'Oui für Köstlichkeiten zum Mitnehmen.
Kurfürstendamm 193/194, Tel.: 030/ 652142199, www.grosz-berlin.de, Öffnungszeiten: So-Do 9-23 Uhr, Fr & Sa 9-23.30 Uhr

FRIEDRICHSHAIN

Aunt Benny

Cooles Café mit guten Kuchen. Unbedingt den Karotten-Kuchen ausprobieren.
Oderstraße 7, Tel.: 030/66405300, www. auntbenny.com, Öffnungszeiten: Di-Fr 9-20 Uhr, Sa & So 10-20 Uhr

KREUZBERG

Five Elephant

Hier gibt es den besten Cheesecake, nach einem Rezept der Großmutter des Inhabers, die aus der Cheesecake-Metropole Philadelphia kommt. Gemütliche Location und leckerer Kaffee, der im Haus geröstet wird.
Reichenberger Straße 101, www.five-elephant.com, Öffnungszeiten: Mo-Fr 8.30-19 Uhr, Sa & So 10-19 Uhr

Café 9

Das Café direkt an der Markthalle Neun ist der perfekte Ort, um Leute kennenzulernen. Irgendwie kennt hier jeder jeden, man kommt schnell ins Gespräch.
Eisenbahnstraße 42, Tel.: 030/ 577094661, Öffnungszeiten: Fr-Mi 7.30-18 Uhr, Do 7.30-20 Uhr

FIVE ELEPHANT

Café Strauss

Das Café Strauss liegt fantastisch: Im Sommer sitzt man in den Arkaden eines alten Backsteingebäudes mit Blick auf die Gräber und Grüfte des idyllischen Friedrichwerderschen Friedhofs.
Bergmannstraße 42, Tel.: 030/69564453, www.cafestraussberlin.de, Öffnungszeiten: Di-Sa 9-20 Uhr, So 10-20 Uhr

Concierge Coffee

Dieses winzig kleine Café ist untergebracht in der ehemaligen Pförtnerloge eines Gewerbehofs aus der Gründerzeit. Die Hausmischung stammt aus der eigenen Rösterei, die sich gleich nebenan im Hinterhof im Zola, einer köstlichen neapolitanischen Pizzeria, befindet.
Hofeingang, Paul-Lincke-Ufer 39-40, www.conciergecoffee.com, Öffnungszeiten: Mo-Fr 8.30-18 Uhr

Gipfeltreffen

Große Frühstückskarte mit verschiedenen Müslis, Käse- oder Wursttellern im

Angebot. Im Sommer sitzt man gegenüber vom Görlitzer Park schön draußen und kann das Treiben beobachten, abends etwas essen oder einen Aperitif trinken.
Görlitzer Straße 68, Tel.: 030/68077011, www.gipfeltreffen-kreuzberg.de, Öffnungszeiten: Mo-Fr 9-24 Uhr, Sa 10-24 Uhr, So 10-18 Uhr

KaffeeBar
Hier sitzen Kreuzbergs Hipster und Kurz-zeitbewohner gerne mit ihren Laptops bei einer Tasse sehr gutem Kaffee und Kuchen, Apple Crumble oder Cookies. Auch das Frühstück ist empfehlenswert.
Graefestraße 8, www.kaffeebar-berlin. com, Öffnungszeiten: Mo-Fr 8-19 Uhr, Sa & So 9.30-19 Uhr

Prinzessinnengarten
Grüner Hangout im Sommer mitten in der Stadt: Zwischen Kräuter- und Gemüse-beeten kann man sich ein ruhiges Eck zum Lesen suchen, das Mittagsmenü auspro-bieren oder Kaffee trinken. Wer einen Kräu-tertee bestellt, bekommt eine Schere in die Hand gedrückt, mit der man sich im Garten selber die Minze oder Melisse schneidet.
Am Moritzplatz, Prinzenstraße 35–38, www.prinzessinnengarten.net, Öffnungs-zeiten: April-Oktober tägl. 12-22 Uhr

Salumeria Lamuri
Tolle Location. In der wunderschön ge-kachelten ehemaligen Fleischerei gibt es italienische Köstlichkeiten. Morgens kann man zum Beispiel auf ein Panini mit einem Cappuccino und mittags auf einen Teller Pasta vorbeikommen.
Köpenicker Straße 183, lasalumeria. wordpress.com, Öffnungszeiten: Mo-Fr 9-18 Uhr, Sa 11-18 Uhr

MITTE

Café Fleury
Französisch angehauchtes, süß einge-richtetes Café, wo man gut frühstücken oder nachmittags Kuchen essen kann.

Weinbergsweg 20, Tel.: 030/44034144, Öffnungszeiten: Mo-Fr 8-22 Uhr, Sa & So 10-20 Uhr

Kaffeemitte
Dieses minimalistisch eingerichtete Kaffee ist ein beliebter Kaffee- oder Frühstücks-treff für Mitte-Bewohner.
Weinmeisterstraße 9a, www.kaffeemitte.de, Öffnungszeiten: Mo-Fr 8-20 Uhr, Sa 9-20 Uhr, So 10-19 Uhr

Mamecha
Kleine Auswahl an leichten japanischen Snacks, verschiedene Teesorten und Köstlichkeiten wie Grüntee-Cheesecake oder ein Kuchen aus gestapelten Crêpes mit Cremefüllung.
Mulackstraße 33, Tel.: 030/28884264, www.mamecha.com, Öffnungszeiten: Mo-Sa 12-20 Uhr

Tadshikische Teestube
Die Räume sind einer Teestube aus Tad-schikistan nachempfunden mit aus Holz geschnitzten Säulen. Man sitzt auf Kissen und Teppichen an niedrigen Holztischchen. Auf der Karte stehen russische Speziali-täten und eine große Teeauswahl.

KAFFEEMITTE

Im Kunsthof, Oranienburger Straße 27, Tel.: 030/2041112, www.tadshikische-teestube.de, Öffnungszeiten: Mo–Fr ab 16 Uhr, Sa & So ab 12 Uhr

Westberlin

In dem hellen Café des Architekten Kai Bröer kann man neben Café, Kuchen und Snacks auch deutsche und internationale Magazine, Zeitungen und Guides über Berlin kaufen.

Friedrichstraße 215, Tel.: 030/25922745, www.westberlin-bar-shop.de, Öffnungszeiten: Mo–Fr 8.30–19 Uhr, Sa & So 10–19 Uhr

NEUKÖLLN

Katie's Blue Cat

Sehr gemütliches Café, um Freunde zu treffen, Zeitung zu lesen, offline zu arbeiten, ein Stück Karottenkuchen oder hausgemachte Karamell-Nuss-Schokolade auszuprobieren.

Friedelstraße 31, www.katiesbluecat.de, Öffnungszeiten: Mo–Fr 8.30–18.30, Sa & So 10–19 Uhr

Melbourne Canteen

Wer ein ausgiebiges Frühstückt liebt, sollte hierherkommen: Eggs Benedict, Spiegeleier, Pancakes und Müsli stehen auf der Karte. Und gegen einen Hangover hilft die Bloody Mary.

Pannierstraße 57, Tel.: 030/62731602, www.melbournecanteen.com, Öffnungszeiten: tägl. ab 10 Uhr

The California Breakfast Slam

Pancakes mit Ahornsirup, Eggs Benedict oder French Toast stillen hier die morgendlichen Hungergefühle nach einer ausgiebigen Party-Nacht.

Innstraße 47/Wildenbruchplatz, Tel.: 030/6869624, Öffnungszeiten: Mo–So 10–24 Uhr

Two and Two

Kleines Café, in dem es nicht nur französische Leckereien wie Canelé, Mini-Quiche und Croissants gibt, sondern auch eine kleine, aber feine Auswahl an hübschen japanischen Schreibwaren.

Pannierstraße 6, www.twoandtwo-berlin.com, Öffnungszeiten: Mo–So 10–18.30 Uhr

PRENZLAUER BERG

Bonanza Coffee Roasters
Urbane Location mit hervorragendem Kaffee. Die Betreiber Yumi Choi und Kiduk Reus waren übrigens Berlins Third Wave Coffee-Pioniere. Frisch geröstete Bohnen auch zum Mitnehmen.
Oderberger Straße 35, www.bonanza-coffee.de, Öffnungszeiten: Mo–Fr 8.30–18 Uhr, Sa & So 10–18 Uhr

Engelberg
Bayerische Köstlichkeiten wie Leberkäse, Weißwürste oder Streuselkuchen.
Oderberger Straße 21, Tel.: 030/ 44030637, www.engelberg-berlin.de, Öffnungszeiten: Di & Mi 10–19 Uhr, Do–Sa 10–22 Uhr, So 0–19 Uhr

Zuckerstück
Liebevoll eingerichtetes Café mit köstlichen selbst gebackenen Kuchen und hausgemachter Limonade.
Schivelbeiner Straße 7, www.zucker-stueck-berlin.de, Öffnungszeiten: Mo & Di 8.30–18 Uhr, Do & Fr 9–18 Uhr, Sa & So 9–18 Uhr

TIERGARTEN

Café Einstein Stammhaus
Das Stammhaus des Café Einsteins ganz im Stil eines klassischen Wiener Kaffeehauses und untergebracht in einer Villa aus dem späten 19. Jahrhundert, gehört immer noch zu den schönsten Orten der Stadt. Hier kann man in Ruhe Zeitung lesen, Kuchen oder Schnitzel essen.
Kurfürstenstraße 58, Tel.: 030/26391918, www.cafeeinstein.com, Öffnungszeiten: tägl. 8–24 Uhr

Sarah Wiener im Hamburger Bahnhof
Das angenehm luftige und großzügige Café der beliebten Fernsehköchin Sarah Wiener eignet sich ideal für eine Kaffeepause nach dem Besuch des Hamburger Bahnhofs.
Invalidenstraße 50–51, Tel.: 030/70713650, www.sarahwiener.de, Öffnungszeiten: Di & Mi 10–18 Uhr, Do 10–20 Uhr, Fr 10–23 Uhr, Sa & So 11–18 Uhr

CAFÉ EINSTEIN

Barbara Schöneberger

— Fernsehmoderatorin & Sängerin —

Verraten Sie uns Ihre Lieblingsplätze in der Stadt?
Ich liebe das *Marsano*. Endlich mal ein Geschäft, für das es sich lohnt, durch die ganze Stadt zu fahren. Extrem schicke, unkonventionelle Sachen – von Möbeln – auch Vintage – und Interieur über Blumen gibt es dort einfach alles, und alles ist toll. Schön zum Shoppen ist auch die *Suarezstraße* und der *Tegeler Weg*. Dort reiht sich ein Möbel- und Antiquitäten-Geschäft an das andere und es kommt fast schon ein Bummelgefühl auf, was ja sonst in Berlin nicht oft der Fall ist, weil alle Läden so verstreut liegen.

Ihre Restaurant-Tipps?
Das *Katz Orange* in Mitte. Das ist mal was anderes. Man kann ja nicht immer ins *Grill Royal* oder *Borchardt* gehen.

Wo amüsieren Sie sich gerne abends?
Die *Paris Bar* hat meiner Meinung nach das beste Gästebuch der Stadt. Hier trifft man in den frühen Morgenstunden die schrägsten Leute, die sich dort von einer anderen Seite zeigen als tagsüber im Job.

Marsano – Charlottenstraße 75, Mitte / *Suarezstraße* – Charlottenburg / *Tegeler Weg* – Charlottenburg / *Katz Orange* – Bergstraße 22, Mitte / *Grill Royal* – Friedrichstraße 105b, Mitte / *Borchardt* – Französische Straße 47, Mitte / *Paris Bar* – Kantstraße 152, Charlottenburg

Beauty & Entspannung

KIEHL'S – NEW YORKER APOTHEKE SEIT 1851

Der Gesichtspflege-Experte steht seit jeher für hochwirksame Pflegeprodukte und individuellen Beratungsservice. Bei Ihrem Besuch erhalten Sie eine kostenlose Hautanalyse inklusive drei Probiergrößen.
Münzstraße 14 -16, Tel.: 030/20054547, www.kiehls.de, Öffnungszeiten: Mo–Sa 11-20 Uhr

MDC COSMETIC

MDC Cosmetic bietet eine nicht nur in Berlin, sondern auch international unvergleichliche Auswahl von Marken, wie Aesop, Malin+Goetz, Officina Santa Maria Novella und mehr.
Knaackstraße 26, Tel.: 030/40056339, www.mdc-cosmetic.com, Öffnungszeiten: Mo–Mi 10-19 Uhr, Do–Sa 10-20 Uhr

Shopping

PYLONES

Bekannt für seine verspielten Designs und knalligen Farben, ist Pylones ein Spielzeugparadies für Erwachsene, die im Herzen Kind geblieben sind. Die Franzosen haben sich darauf spezialisiert, Alltagsgegenstände außergewöhnlich zu gestalten: zwitschernde Salz- und Pfefferstreuer, Regenschirme in Menschenform, eine Gießkanne als Kolibri. Mit zwei Läden in Berlin (Ost/West), ist es immer einfach, schnell bei Pylones Haus und Garten aufzupeppen oder ein Mitbringsel mit eingebauter Lebensfreude zu besorgen.
Dom Aquarée, Karl-Liebknecht-Straße 3, Tel.: 030/80928130, www.pylones.com, Öffnungszeiten: tägl. 10-21 Uhr

Mode

FILIPPA K

Schwedisches Design at its best in Berlins Mitte: Minimalistisch, klassisch und modern sind die hochwertigen Designs von Filippa K.

Die Damen- und Herrenkollektion beweist, wie cool und modern das perfekt geschnittene Basic sein kann.
Alte Schönhauser Straße 11, Tel.: 030/ 24048778, www.filippa-k.com, Öffnungszeiten: Mo–Fr 11–20 Uhr, Sa 11–20 Uhr

GRETCHEN

Die Berliner Marke steht für zeitlose Lederwaren. Designerin Anne Schmitt hat sich der traditionellen Lederverarbeitung verschrieben und lässt damit die farbenfrohen Kollektionen in vollkommener Schönheit erstrahlen.
Hackesche Höfe, Hof 4, Rosenthaler Straße 40–41, Tel.: 030/2025165, www.mygretchen.com, Öffnungszeiten: Mo–Mi 11–18 Uhr, Do–Sa 10–19 Uhr

SCHIESSER

Schiesser Revival: Traditionelle Handwerkskunst trifft auf Moderne. Originalvorlagen aus dem 20. Jahrhundert wird neues Leben eingehaucht. Das Ergebnis: Produkte mit Seele.
Mall of Berlin, Leipziger Platz 12, www.schiesserag.com, Öffnungszeiten: Mo–Sa 9–22 Uhr

AMERICAN APPAREL

"We are not politically correct, but we have good ethics." – American Apparel setzt unter diesem Motto neben hochwertigen Basics in großer Farbauswahl auch auf exklusive Leder-Accessoires, Schuhe, Denim-Styles, Swimwear und Lingerie.
Münzstraße 19, Tel.: 030/28096318, www.americanapparel.net, Öffnungszeiten: Mo–Sa 11–20 Uhr

SISLEY

Mit neuem Shop-Konzept und wöchentlich aktuellen Looks hat der Sisley Store in Berlin Mitte in neuer Location wieder eröffnet. Unverputzte Wände im Berlin-Style treffen auf italienische Mode.
Neue Schönhauser Straße 12, Tel.: 030/ 30874663, www.sisley.com, Öffnungszeiten: Mo–Sa 11–20 Uhr

LAVA

Cool & Edel

KREUZBERG

Nobelhart & Schmutzig

Wer bei Hauspartys am liebsten in der
Küche landet, ist hier genau richtig. Denn in
dem hippen Restaurant, welches gerade
einen Michelin-Stern verliehen bekommen
hat, sitzen die Gäste quasi um die Köche
herum und sehen, wir ihr Essen zubereitet
wird. Man kann nicht von der Karte
bestellen, sondern bekommt 10 Gänge für
80 Euro, die es aber definititv wert sind.
Friedrichstraße 218, Tel.: 030/25940610,
www.nobelhartundschmutzig.com,
Öffnungszeiten: Di–Sa ab 18.30 Uhr

Parker Bowles

Das neue Projekt des Teams hinter dem
Club Prince Charles in Kreuzberg bietet
eine innovative Interpretation deutscher
Gerichte mit asiatischem Einschlag.
Zu später Stunde gibt es Bar-Food für
hungrige Nachtschwärmer.

Prinzenstraße 85d,
info@parkerbowles.com,
www.parker-bowels.com, Öffnungszeiten:
Mo 9-18 Uhr, Di–Sa ab 9 Uhr

Richard

Im eleganten Restaurant des Künstlers
und Kochs Hans Richard wird zeitgenössische französisch inspirierte Haute Cuisine
zwischen viel moderner Kunst serviert.
Wechselndes Menü, aus dem man drei
oder mehr Gänge wählen kann.
Köpenicker Straße 174, Tel.: 030/
49207242, www.restaurant-richard.de,
Öffnungszeiten: Di–Sa 19-24 Uhr

Spindler

Hier gibt es wunderbare Gerichte, die
perfekt zu dem klaren Einrichtungsstil des
Restaurants passen. Im Sommer fühlt man
sich durch das viele Licht und die offenen
Terrassentüren auch drinnen wie draußen.
Paul-Lincke-Ufer 43, Tel.: 030/
69598880, www.spindler-berlin.net,
Öffnungszeiten: Mo-Fr 9-15.30 Uhr und
ab 18.30 Uhr, Sa & So 10-16 Uhr
und ab 18.30 Uhr

RICHARD

BANDOL SUR MER

MITTE

TIPP: BANDOL SUR MER

Man könnte das Bandol für ein klassisches französisches Bistro halten. Doch das ist weit gefehlt. Zwar ist die Atmosphäre lässig und unprätentiös. Das Essen ist aber überraschend und einfach köstlich. Gerade erst wurde dem Restaurant ein Michelin-Stern verliehen. Unbedingt reservieren.

Torstraße 167, Tel.: 030/67302051, www.bandolsurmer.de, Öffnungszeiten: Do–Mo ab 18 Uhr

Cordobar

Österreichisch-deutsche Weinbar. Große Auswahl an exzellenten Weinen (statt einer Karte gibt es hier gleich ein ganzes Weinbuch) und kalte (gegrillte Salatherzen), warme (Blutwurstpizza) und süße Snacks (Grannysmith Sorbet) auf höchstem Niveau. Klingt nach einer steifen Angelegenheit? Gar nicht. Die Atmosphäre ist entspannt, die Betreiber sind extrem lässig.
Große Hamburger Straße 32, Tel.: 030/27581215, www.cordobar.net, Öffnungszeiten: Di–Sa 18–2 Uhr

Dóttir

Die Macher der Berliner Institution Grill Royal haben hier zusammen mit der isländischen Köchin Victoria Eliasdóttir, Schwester des Künstlers Ólafur Eliason, ein Fischrestaurant eröffnet, das schon jetzt das Zeug zum nächsten In-Lokal hat.
Mittelstraße 41, Tel.: 030/330060760, www.dottirberlin.com, Öffnungszeiten: Di–Sa ab 18 Uhr

Grill Royal

Bei hervorragenden Steaks, Austern und Champagner lässt sich im Grill Royal perfekt das Treiben der Berliner Promi-Szene beobachten. Umso später die Stunde, desto mehr verwandelt sich das Restaurant in ein großes Wohnzimmer, wo man von Tisch zu Tisch wandert.
Friedrichstraße 105b, Tel.: 030/ 28879288, www.grillroyal.com, Öffnungszeiten: tägl. ab 18 Uhr

NEUKÖLLN

Lava

Innovative italienische Gerichte. Der Koch hat schon für die deutsche Nationalmannschaft gekocht und für das Party-Volk des Kater Holzig. Die Einrichtung ist eigenwillig und trotzdem sehr gemütlich: Mal liegt ein Kronleuchter am Boden, mal steht eine Badewanne im Eck.

Flughafenstraße 46, Neukölln, Tel.: 030/22346908, www.lavaberlin.wordpress.com, Öffnungszeiten: Mo-Sa 13-23 Uhr

PRENZLAUER BERG

La Soupe Populaire
Das Restaurant des Spitzenkochs Tim Raue liegt in der ehemaligen Bötzow Brauerei. Industrie-Design trifft auf moderne Kunst und traditionelle Berliner Gerichte.
Prenzlauer Allee 242, Tel.: 030/44319680, www.lasoupepopulaire.de, Öffnungszeiten: 12-14.30 Uhr & 17.30-22.30 Uhr

TIERGARTEN

5 – Cinco by Paco Pérez
Der bekannte katalanische Sternekoch Paco Pérez hat mit dem Cinco im Stue Hotel sein erstes Restaurant außerhalb Spaniens eröffnet. Im Fine-Dining-Bereich wird avantgardistische Cuisine geboten.
Im Stue Hotel, Drakestraße 1, Tel.: 030/3117220, www.5-cinco.com, Öffnungszeiten: Fine-Dining Di-Sa ab 19 Uhr

Facil
Das eigentliche Highlight des Sterne-Restaurants sind die Desserts. Kreiert von einem der besten Pâtissiers Deutschlands, schmecken sie nicht nur köstlich, sondern sehen auch aus wie kleine Kunstwerke. Das Mittagsmenü ist seinen Preis wert.
Im The Mandala Hotel, Potsdamer Straße 3, Tel.: 030/590051234, www.facil.de, Öffnungszeiten: Mo-Fr mittags ab 12 Uhr, abends ab 19 Uhr

Asian Fusion

MITTE

Dudu
Im Dudu trifft sich Mittes Szene – ob zu einem schnellen Business-Lunch oder einem Abendessen mit Freunden. Geboten wird eine kalifornisch inspirierte asiatische Küche. Highlights sind die Crunchy Dudu Roll, der Papaya Salat oder die Seafood Bowl. Ein zweiter Laden namens Dudu 31 hat in Charlottenburg (Bleibtreustraße 31) aufgemacht. Super Essen, schickes Ambiente.
Torstraße 134, Tel.: 030/51736854, www.dudu-berlin.de, Öffnungszeiten: Mo-Fr 12-24 Uhr, Sa & So 13-24 Uhr

NEUKÖLLN

Dr. To's
Bei Dr. To's stimmt alles: Musik und Atmosphäre sind toll, und serviert werden mal etwas andere asiatische Tapas wie handgemachte Dumplings, Ceviche mit Zitrone und Sesam-Sauce, Rote Bete-Carpaccio oder frischer Tofu.
Weichselstraße 54, Tel.: 0163/1633122, Öffnungszeiten: tägl. ab 18 Uhr

Japanisch

CHARLOTTENBURG / WILMERSDORF

Heno Heno
Spezialität des Hauses sind japanische Don – eine Schale Reis mit Toppings wie Rindfleisch, pochiertem Ei oder Gemüse.
Kantstraße 65, Tel.: 030/66307370, www.henoheno.de, Öffnungszeiten: Mo-Sa 12-22 Uhr

Kushinoya
Bekannt ist das Restaurant für seine Kushiage-Gerichte – sehr delikate, in

Öl ausgebackene Spieße mit Rind oder Hähnchen, aber auch mit exotischeren Zutaten wie Lotuswurzeln, Austern, Wachteleiern oder Ginkgo-Früchten.
Bleibtreustraße 6, Tel.: 030/31809897, www.kushinoya.de, Öffnungszeiten: Di–So 18–24 Uhr

MITTE

Cocolo Ramenbar / Next To Kuchi …
Hippes Lokal, in dem man sich wie in einer japanischen Metropole fühlt. Neben den verschiedenen Suppen – besonders empfehlenswert ist die Tonkotsu Ramen – unbedingt eine Portion Kankuni (Schweinebauch) oder Spinat mit Erdnusssauce ausprobieren. Eine weitere größere Filiale gibt es auch in Kreuzberg (Paul-Lincke-Ufer 39/40).
Gipsstraße 3, www.kuchi.de, Öffnungszeiten: Mo–Sa 18–24 Uhr

smartdeli
Es gibt eine Auswahl an Bento-Boxen, Sushi, Onigiri, Suppen, Reis-Bowls und Salaten. Der Tofu kommt von einem Hersteller direkt aus Berlin und ist damit immer sehr frisch. Im hinteren Teil des Delis bekommt man jede Menge tolle japanische Produkte.
Chausseestraße 5, Tel.: 030/20687037, www.smartdeli.org, Öffnungszeiten: Mo–Sa 10–22 Uhr

Zenkichi
Mehr Tokio-Feeling in Berlin geht nicht. Die Gäste sitzen hier wie in Japan an kleinen Tischen in intimer Atmosphäre und bekommen Spezialitäten wie zart gebratenes Rindfleisch und Sesam-Eis serviert. Dazu gibt es Sake.
Johannisstraße 20, Tel.: 030/24630810, www.zenkichi.de, Öffnungszeiten: Di–Sa 18–23 Uhr

PRENZLAUER BERG

Sasaya
Eines der besten Sushi-Restaurants der Stadt. Unbedingt bestellen sollte man neben Sushi auch die gegrillten Makrelen mit Miso-Sauce.
Lychener Straße 50, Tel.: 030/44717721, www.sasaya-berlin.de, Öffnungszeiten: Do–Mo 12–15 Uhr & 18–23.30 Uhr

Chinesisch

CHARLOTTENBURG / WILMERSDORF

Lon-Men's Noodle House
Die Taiwanesischen Nudelsuppen sind hervorragend, und kaum vorbei kommt man an den mit Ente oder Schweinebauch gefüllten Baos.
Kantstraße 33, Tel.: 030/31519678, Öffnungszeiten: tägl. 12–24 Uhr

Tian Fu
Das Tian Fu ist bekannt für seine sehr scharfe Sichuan-Küche, wie Hotpots. Spezialität des Hauses sind die frisch zubereiteten Dim Sum. Köstlich schmecken auch der Gurkensalat und die kalten Vorspeisen.
Uhlandstraße 142, Tel.: 030/8613015, www.tianfu.de, Öffnungszeiten: Mo–Fr 12–15.30 Uhr & 17.30–23.30, Sa & So 12–23.30 Uhr

KREUZBERG

Long March Canteen
Urban und schick eingerichtet. Neben einer Reihe gedämpfter oder gebratener

SUPPER CLUBS: ESSEN WIE BEI FREUNDEN

Die Anzahl an Supper Clubs, wo begeisterte Hobby-Köche und Profis ihre Gäste entweder in ihrer eigenen Wohnung oder einer ausgewählten Location bekochen, ist groß in Berlin. Anmelden kann man sich meist per E-Mail. Wann wieder ein Dinner stattfindet, erfährt man über die Websites. Hier eine kleine Auswahl der spannendsten Supper Clubs:

• *MOTHER'S MOTHER* (*www.mothersmother.com*)
Supperclub von der britisch-indischen Kavita Meelu. Eine Ode an das Essen von Müttern und Großmüttern aus aller Welt.

OH SOPHIA!

• *OH SOPHIA!* (*www.oh-sophia.net*)
Vegane Abende, die an verschiedenen Orten stattfinden.

• *LODE & STIJN* (*www.lode-stijn.de*)
Mit ihrer Erfahrung aus Sternerestaurants weltweit haben die beiden Köche in Berlin einen Supper-Club gegründet, der zu den hippsten Events der Stadt zählt. Bald soll ein eigenes Restaurant folgen.

• *CHI FAN* (*www.facebook.com/chifanberlin*)
Gastgeberin Ashley tischt authentische chinesische Menüs auf. Ihre Zutaten bringt sie oft aus ihrer Heimatstadt Shanghai mit.

• *B.ALIVE!* (*www.balive.org/dinner-club*)
In dem Supper Club in Boris Lausers Studio in Mitte gibt es innovative vegane und Raw Food Gerichte.

• *DANIEL'S EATERY* (*www.danielseatery.com*)
Sehr entspannte Dinner in Daniels Prenzlauer Berg-Wohnung. Der Gastgeber kocht nicht nur, sondern isst mit seinen Gästen.

• *MULAX* (*www.mulax.de*)
Regionale Speisen auf Sterne-Niveau, die an langen Tafeln in einem denkmalgeschützten Hinterhofgebäude in Kreuzberg serviert werden.

Dumplings gibt es eine große Auswahl an außergewöhnlichen Dim Sums, wie Chinesischer Taschenkrebs mit Chili-Limetten-Mayo, Seidentofuwürfel mit 1000-jährigem Ei oder Quallencarpaccio mit Apfel. Dessert-Tipp: Gebackene Bananen der besonderen Art. *Wrangelstraße 20, Tel.: 0178/8849599, www.longmarchcanteen.com, Öffnungszeiten: tägl. 18-24 Uhr*

MITTE

Yumcha Heroes

Gleich beim Rosenthaler Platz gelegen, gibt es in dem modern eingerichteten Restaurant Dumplings (z.B. mit Pink Lamb-Füllung), Suppen und andere chinesisch inspirierte Speisen. Im Sommer sitzt man auf der Terrasse, die zum belebten Weinbergsweg rausgeht.

*Weinbergsweg 8, Tel.: 030/76213035,
www.yumchaheroes.de, Öffnungszeiten:
tägl. 12-24 Uhr*

PRENZLAUER BERG

Lecker Song
Winziges Restaurant mit einem riesigen
Angebot an saftigen hausgemachten
Dim Sums. Auch für Vegetarier gibt es
eine große Auswahl.
*Schliemannstraße 19, Tel.: 030/
26374447, Öffnungszeiten: Mo-Sa
12-22 Uhr, So 16-22 Uhr*

Wok Show
Serviert werden hervorragende Dumplings
zu fairen Preisen. An den runden Tischen
haben auch große Gruppen Platz.
*Greifenhagener Straße 31, Tel.: 030/
43911857, www.wokshow.de, Öffnungszeiten: Mo-Mi 17-22.30 Uhr, Do-So
12.30-22.30 Uhr*

WEDDING

Asia Deli
Der laute Imbiss bietet authentisches Essen
aus China. Auf der chinesischen Karte
stehen andere, wesentlich interessantere
Gerichte als auf der deutschen. Toll
schmeckt zum Beispiel der gedämpfte
Wolfsbarsch mit Ingwer und Chili oder auch
die verschiedenen Gerichte mit Auberginen.
*Seestraße 41, Öffnungszeiten: Mo-So
12-23 Uhr*

Vietnamesisch

KREUZBERG

Miss Saigon
In dem sympathischen Restaurant bekommt
man eine der besten vietnamesischen Phos.
Fortgeschrittene wagen sich an die hand-
gemachten Baus gefüllt mit Morcheln, chinesischer Salami oder Wachteleier.

*Skalitzer Straße 38, Tel.: 030/69533377,
www.miss-saigon-berlin.de, Öffnungszeiten: tägl. 12-24 Uhr*

MITTE

ChénChè
Versteckt in einem ruhigen Hinterhof,
werden in diesem geschmackvoll einge-
richteten Teehaus frische vietnamesische
Gerichte, hausgemachte Süßspeisen,
exotische Tees und Shakes serviert. Im
Sommer sitzt man im schönen Hof.
*Rosenthaler Straße 13, Tel.: 030/
28884282, www.chenche-berlin.de,
Öffnungszeiten: tägl. 12-24 Uhr*

District Môt
Das coole Restaurant ist inspiriert von
vietnamesischen Straßenständen. Es gibt
nicht nur authentisches Street Food zu
essen, sondern man sitzt auf bunten Kunst-
stoff- oder Blechhockern. Von der Decke
baumeln Stromkabel, an der Wand hängen
handgemalte Straßenschilder.
*Rosenthaler Straße 62, Tel.: 030/
20089284, www.districtmot.com,
Öffnungszeiten: So-Do 12-1 Uhr,
Fr & Sa 12-2 Uhr*

PRENZLAUER BERG

Si An
Traditionell vietnamesische Garküche.
Neben den wechselnden Tagesgerichten
gibt es auch einige Standards. Große
Auswahl an Tees und gesunden Shakes.

LONG MARCH CANTEEN

Gleich nebenan ist die dazugehörige Teestube Si An Tra. Im Sommer sitzt man zwischen Blumentöpfen und unter Lampions draußen.

Rykestraße 36, Tel.: 030/40505775, www.sian-berlin.de, Öffnungszeiten: tägl. 12-24 Uhr

CHÉNCHÉ

Koreanisch

CHARLOTTENBURG / WILMERSDORF

Arirang

Authentisches Essen, auch wenn es nicht das gemütlichste Lokal ist. Am Wochenende sollte man einen Tisch reservieren.

Uhlandstraße 194, Tel.: 030/45021248, Öffnungszeiten: Mi-Mo ab 12 Uhr

KREUZBERG

Kimchi Princess

In dem koreanischen Barbecue fühlt man sich eher wie auf New Yorks Lower Eastside als wie in Berlin. Die Wände sind Rohbeton und das Interieur minimalistisch gehalten. Man grillt sein Fleisch, Fisch oder Gemüse auf einem kleinen Tischgrill selbst. Tipp: Einmal pro Woche kommt eine kleine Lieferung an Meloneneis aus Korea. Unbedingt zuschlagen.

Skalitzer Straße 36, Tel.: 0163/4580203, www.kimchiprincess.com, Öffnungszeiten: tägl. ab 12 Uhr

Mercosy Bar

Koreanische Spezialitäten wie Bibimbap oder Sangyetang und Fusion-Gerichte wie Burritos oder Quesadillas.

Dresdener Straße 11, Tel.: 0176/24000602, Öffnungszeiten: Mo-Fr 12-23 Uhr, Sa 16-23 Uhr

Ssam Korean BBQ

Freunde des koreanischen Barbecues werden dieses Lokal lieben. Schlichte Einrichtung, hervorragendes Essen. Manche Speisen grillt man selber auf dem kleinen Tischgrill.

Kottbusser Damm 96, Tel.: 030/49089535, Öffnungszeiten: tägl. 12-23 Uhr

MITTE

Yam Yam

Große Auswahl an vegetarischen Optionen. Tipp: Beim Banzan Set für zwei kann man sich durch verschiedene koreanische Beilagen wie Kimchi, geröstetes Seegras und marinierte Nüsse probieren.

Alte Schönhauser Straße 6, Tel.: 030/ 24632485, www.yamyam-berlin.de, Öffnungszeiten: Mo-Sa 12-24 Uhr, So 13-23 Uhr

PRENZLAUER BERG

Core

Kleines Restaurant mit übersichtlicher

DISTRICT MÔT

YAM YAM

Karte. Alles wird frisch zubereitet. Eines der besten Bibimbap der Stadt, verschiedene Tofu-Gerichte und Dumplings. Eine weitere sehr kleine Niederlassung mit einer Auswahl an koreanischen Produkten und Keramik gibt es in Kreuzberg (Erkelenzdamm 45).
Pappelallee 84, Tel.: 030/24324549, www.core-koreancuisine.blogspot.de, Öffnungszeiten: Mo-Fr 12-22 Uhr, Sa 17-22 Uhr

Thailändisch

CHARLOTTENBURG / WILMERSDORF

Dao
Helles, unprätentiöses Restaurant mit köstlichem, authentischem Essen.
Kantstraße 133, Tel.: 030/37591414, www.dao-restaurant.de, Öffnungszeiten: Mo-So 12-24 Uhr

Sakorn
Mutet wie eine Thai-Kantine an. Jedes der wenigen Gerichte, die angeboten werden, kostet fünf Euro. Dazu noch einen leckeren Milcheistee bestellen. Dass hier so viele Thailänder essen, spricht für die Qualität der Küche.
Kantstraße 105, Öffnungszeiten: Mo-Sa 11-20 Uhr

Papaya Isaan
Hier gibt es nicht die üblichen grünen Curry-Gerichte, die man von anderen Thai-Restaurants kennt, sondern vor allem Spezialitäten aus der Region Isaan im Nordosten Thailands. Allein die verschiedenen Papaya-Salat-Varianten füllen eine Seite der umfangreichen Karte.
Kantstraße 122, Tel.: 030/31997572, Öffnungszeiten: tägl. 12-23 Uhr

KREUZBERG

Chan
Street-Food-inspirierte Küche. Unbedingt ausprobieren sollte man Shi Mai, hausgemachte, im Bambuskorb gedämpfte Dim Sum. Schöner mit Bambus und Blumen begrünter Gastgarten.
Paul-Lincke-Ufer 42, Tel.: 030/69533322, www.chan-berlin.jimdo.com, Öffnungszeiten: Mo-Fr 12-24 Uhr, Sa & So 13-24 Uhr

Alpenländisch

KREUZBERG

Gasthaus Figl
Unter der gemütlichen Stube des Gasthauses befindet sich eine alte Kegelbahn, die man mieten kann. Zum Essen gibt es alpenländisch angehauchte Pizzen, Salate und Fleischgerichte.
Urbanstraße 47, Tel.: 030/72290850, www.gasthaus-figl.de, Öffnungszeiten: Mo-So ab 18 Uhr

Wirtshaus zum Mitterhofer
Südtiroler und alpenländische Schmankerl wie Speck- oder Rote Bete-Knödel, hauchdünne Schnitzel oder Kaiserschmarrn stehen auf der Karte des Wirtshauses. Man sollte unbedingt im Sommer hierherkommen. Man sitzt draußen an süßen grünen Holztischen, bekommt das Leben im Kiez mit und fühlt sich – auch dank der freundlichen Bedienung – wie im Urlaub.

Sarah Wiener

TV-Köchin & Unternehmerin

Wo ist Berlin am schönsten?

Auf der Brücke vor dem Bodemuseum, die ist nicht nur schön, sondern man trifft dort auch die verschiedensten Menschen, Flanierer, Musikmacher, Touristen und Berliner, ohne dass es zu voll ist. Besonders im Frühling ist dort eine ganz eigene Stimmung. Oder auch auf den Terrassen von kleinen Cafés und Restaurants. Oder im Museum. Wenn es im Sommer richtig heiß wird, kann ich fern von Lärm und Autos das Leben dort richtig genießen.

Ihre Berlin-Tipps zum Genießen und Feiern?

Ich bin ja meist auf diversen Veranstaltungen und mag besonders die Berlinale. Da ist dann überall etwas los. Viele Partys und Lounges und auch noch gute Filme. Besonders genieße ich die vielen kleinen Wochenmärkte. Und klar: Das Brot meiner Holzofenbäckerei *Wiener Brot* am Morgen ist natürlich richtiger Genuss für mich.

Ist Berlin eine Gourmet-Stadt?

Ja, absolut! Berlin hat eins der buntesten Angebote, was gutes Essen und Trinken angeht. Das erfährt man nicht nur in den Spitzenrestaurants, sondern auch in kleinen Kneipen, Wirtschaften, Feinkostläden, die kaum mehr als drei Tische haben. Berlin ist definitiv eine Ausgehstadt. Jeder findet etwas nach seinem Geschmack.

Ihre kulturellen Highlights?

Das sind der *Hamburger Bahnhof*, die *Neue Nationalgalerie* und die *Philharmonie*.

Monbijoubrücke & Bodemuseum – Am Kupfergraben, Mitte / *Wiener Brot* – Tucholskystraße 31, Mitte / *Hamburger Bahnhof* – Invalidenstraße 50-51, Moabit / *Neue Nationalgalerie* – Potsdamer Straße 50, Tiergarten / *Berliner Philharmonie* – Herbert-von-Karajan-Straße 1, Tiergarten

ALPENSTÜCK

Fichtestraße 1, Tel.: 030/34711008,
www.wirtshaus-zum-mitterhofer.de,
Öffnungszeiten: Mo-Fr ab 17 Uhr,
Sa & So ab 12 Uhr

MITTE

Alpenstück
Schicke, schlichte Einrichtung. Geboten
wird klassisch österreichische Küche auf
hohem Niveau.
Gartenstraße 9, Tel.: 030/21751646,
www.alpenstueck.de, Öffnungszeiten:
tägl. 18-1 Uhr

PRENZLAUER BERG

Häppies
Hier gibt es Germknödel in den unterschiedlichsten Varianten. Mal mit Rindfleisch, Käse und Speck, mal mit Ziegen-
käse und karamellisierten Walnüssen
und mal mit Curry-Tofu gefüllt.
Dunckerstraße 85, www.haeppies.de,
Öffnungszeiten: Di-Fr 12-20 Uhr,
Sa & So 12-18 Uhr

Meierei
Kaspressknödel, Rindsgulasch oder
Frittatensuppe stehen in dem hellen
Café auf der kleinen Karte. Wurst, Brot,
Käse, Marmelade und Butter aus Bayern,
Österreich und der Schweiz gibt es
zum Mitnehmen.
Kollwitzstraße 42, Tel.: 030/92129573,
www.meierei.net, Öffnungszeiten:
Mo-Fr 7.30-18 Uhr, Sa 9-18 Uhr,
So 10-18 Uhr

Italienisch

FRIEDRICHSHAIN

Briefmarken Weine
Auf der imposanten Karl-Marx-Allee hätte
man so ein gemütliches Lokal nicht
erwartet. Zur hervorragenden Weinauswahl
gibt es köstliche Antipasti und ein
Pasta-Gericht.
Karl-Marx-Allee 99, Tel.:
030/42025293, www.briefmarkenweine.
de, Öffnungszeiten: tägl. ab 17.30 Uhr

KREUZBERG

Bosco
Die Macher des mittlerweile geschlossenen
In-Italieners Da Baffi in Wedding haben mit
dem Bosco ein neues Lokal eröffnet, das
sogar noch ein bisschen lässiger ist als das
frühere. Auch die Speisen sind raffinierter.
Wrangelstraße 42, Tel.: 030/69567079,
www.boscoberlin.com, Öffungszeiten:
Mo-Sa 19-24 Uhr

Brio
Giulia und Andrea, zwei junge passionierte
Köche aus Italien, machen hervorragende
italienische Tapas. Dazu gibt es köstliche
Weine im gemütlichen Ambiente.
Graefestraße 71, Tel.: 030/65702357,
www.brioberlin.de, Öffnungszeiten:
Di-So 18-22.30 Uhr

Der Goldene Hahn

Dieses Restaurant hat alles, was man für einen gelungenen Abend braucht: gemütliche Atmosphäre, schummrige Beleuchtung und ein nettes Team. Die Auswahl an regelmäßig wechselnden Vorspeisen, Pasta-Gerichten, Hauptspeisen und Desserts ist begrenzt, aber dafür sehr frisch. Und man darf auch mal länger sitzen bleiben, wenn man sich bei ein paar Flaschen Wein festgequatscht hat. Unbedingt reservieren. Wer einfach nur ein Glas Wein trinken will, kann das in der Weinbar nebenan machen.
Pücklerstraße 20, Kreuzberg, Tel.: 030/6188098, www.goldenerhahn. de, Öffnungszeiten: tägl. ab 19 Uhr

Gorgonzola Club

Ein guter Start für einen Ausgehabend mit Freunden in Kreuzberg. Erst im gemütlichen Gorgonzola Club Pasta oder Pizza essen und dann noch auf ein paar Drinks in den legendären Würgeengel, liegt gleich nebenan. Im Sommer einen Tisch im Gastgarten reservieren.
Dresdener Straße 121, Tel.: 030/ 6156473, www.gorgonzolaclub.de, Öffnungszeiten: tägl. ab 18 Uhr

Sale e Tabacchi

Mitten in einem eher touristischen Viertel gelegen, trifft man im Sale e Tabacchi auf deutsche und internationale Prominenz. Kein Wunder: Die regelmäßig wechselnden Gerichte schmecken fantastisch, das Ambiente ist elegant, aber nicht steif, und die italienischen Kellner sind nicht nur professionell, sondern auch wahnsinnig gut aussehend. Leckeres Mittagsmenü.
Rudi-Dutschke-Straße 25, Tel.: 030/ 2521155, www.sale-e-tabacchi.de, Öffnungszeiten: tägl. ab 10 Uhr

MITTE

Hartweizen

Minimalistisches Ambiente, große Fenster zur geschäftigen Torstraße hin und angenehm viel Platz findet man im Hartweizen. Geboten werden Klassiker wie Caponata und Carpaccio, verschiedene Fleisch-, Fisch- und Pasta-Gerichte.
Torstraße 96, Tel.: 030/28493877, www.hartweizen.com, Öffnungszeiten: Mo-Do ab 18 Uhr, Fr & Sa ab 17 Uhr

NEUKÖLLN

Lavanderia Vecchia

Um in der in einem Neuköllner Hinterhof versteckten Trattoria einen Tisch zu bekommen, sollte man rechtzeitig reservieren. Serviert wird ein Menü von mehreren köstlichen Gängen. Das Lokal ist einer alten Wäscherei nachempfunden: Die Wände sind weiß getüncht, frisch gewaschene Geschirrtücher hängen an Wäscheleinen. Ein Abend hier ist ein besonderes Erlebnis.
Flughafenstraße 46, Tel.: 030/ 62722152, www.lavanderiavecchia.de, Öffnungszeiten: Di-Fr 12-14.30 Uhr, Di-Sa ab 19.30 Uhr

PRENZLAUER BERG

Pappa e Ciccia

Ein langjähriger und sehr beliebter Fixpunkt der Nachbarschaft. Die Zutaten der täglich wechselnden Mittags- und Abendkarte sind zu 100 Prozent bio.

DER GOLDENE HAHN

CAFÉ PFÖRTNER

Schwedter Straße 18, Tel.: 030/61620801,
www.pappaeciccia.de, Öffnungszeiten:
Di-Sa 12-24 Uhr, So 11-24 Uhr

Teigwaren

Sympathisches kleines Lokal mit sehr
nettem Service. Zu essen gibt es liebevoll
zubereitete, hausgemachte Tagliatelle oder
Ravioli mit verschiedenen Füllungen, Salate
und Kuchen.
Oderberger Straße 41, Tel.: 030/
25097671, www.teigwaren-berlin.de,
Öffnungszeiten: Di-So ab 12 Uhr

WEDDING

Café Pförtner

Herrliche italienische Küche, serviert in
origineller und lässiger Umgebung auf
dem Gelände der Uferhallen, wo einst die
Berliner Verkehrsbetriebe ihre Werkstatt
hatten. Gegessen wird in einem ehemaligen
Backstein-Pförtnerhäuschen und einem
daran angeschlossenen alten Bus.
Uferstraße 8-11, Tel.: 030/50369854,
www.pfoertner.co, Öffnungszeiten:
Mo-Fr 9-23 Uhr, Sa 11-23 Uhr

Französisch

CHARLOTTENBURG / WILMERSDORF

Paris Bar

Die Paris Bar ist eine echte Westberliner
Institution. Seit Jahrzehnten betrachten
viele Künstler, Schauspieler, Promis und
Politiker das Bistro als ihr privates Wohnzimmer. Vor allem während der Berlinale
ist hier kaum ein Platz zu bekommen. Die
Wände sind mit Werken von Künstlern
wie Daniel Richter zugepflastert, die der
Wirt Michel Würthle, selbst auch Künstler,
über Jahrzehnte gesammelt hat.
Kantstraße 152, Tel.: 030/3138052,
www.parisbar.net, Öffnungszeiten:
tägl. ab 12 Uhr

MITTE

3 minutes sur mer

Bei klassisch französischer Kost treffen sich
hier Künstler, Schauspieler und sonstige
Menschen aus der Kreativ-Branche.
Torstraße 167, Tel.: 030/67302052,
www.3minutessurmer.de, Öffnungszeiten:
Mo-Fr ab 12, Sa & So ab 10 Uhr

PRENZLAUER BERG

Les Valseuses

Klassisches französisches Bistro-Essen
und gute Weine. Die Einrichtung ist eher
Berlin-typisch: aus blankem Holz gezim-
merte Bänke und nackte Glühbirnen,
die von der Decke hängen.
*Eberswalder Straße 28, Tel.: 030/
75522032, www.lesvalseuses.de,
Öffnungszeiten: tägl. ab 18.30 Uhr*

3 MINUTES SUR MER

*Latein- &
Südamerikanisch*

KREUZBERG

Cevicheria

Mit der Cevicheria hat Berlin endlich ein
Restaurant, welches sich ausschließlich
einer aus Peru stammenden Köstlichkeit
widmet. Ceviche ist eine Speise aus in
Zitrone gebeiztem Fisch, serviert mit
Koriander und Tomaten.
*Dresdener Straße 120, Tel.: 030/
55624038, www.cevicheria-berlin.com
Öffnungszeiten: Mo 13-22 Uhr, Di-Do
12-22 Uhr, Fr 12-23 Uhr, Sa 14-23 Uhr*

*MARKTHALLE NEUN
DAS ZENTRUM FÜR BERLINS NEUE
FOOD-CULTURE*

Wie viele der anderen 13 Markthallen, die in Berlin Anfang des
19. Jahrhunderts entstanden, wurde auch die Kreuzberger Eisenbahnmarkt-
halle fast Opfer der Kommerzialisierung. Eine schnöde Supermarktkette sollte
in die historische Halle ziehen. Doch zum Glück machte sich die Nachbarschaft stark und Florian Niedermeier, Nikolaus Driessen und Bernd Maier
überzeugten den Senat davon, dass nicht der höchste Preis für das Grundstück, sondern das beste Konzept gewinnen müsse. Ihr Konzept war das beste:
Die Markthalle sollte wieder ein Treffpunkt für Menschen und Händler aus
der Region werden, was nicht nur beim Senat, sondern auch bei den Berlinern
Anklang fand. Wert wird vor allem auf regionale, saisonale und fair gehandelte
Produkte gelegt. Freitags und samstags findet ein Wochenmarkt, jeden Donnerstag der *Streetfood Market* und jeden dritten Sonntag im Monat der *Break-
fast Market* statt. Weitere Highlights sind die *Cheese Berlin*, wo ausgewählte
Erzeuger ihre Milchprodukte verkaufen, der weihnachtliche Naschmarkt, re-
gelmäßige Kochkurse für Kinder und ein *Destille Markt*. Zusammen mit dem
nahe gelegenen *Eiszeit Kino* werden kulinarische Kinoabende organisiert, und
für das *Street Food Festival* reisen Köche aus aller Welt an. Einige Stände sind
zu einem Fixum geworden, so wie die Bäckerei *Sironi*, *Big Stuff Smoked BBQ*,
der Käseproduzent *Menza* und *Glut und Späne* mit Ceviche und Lachs.
Eisenbahnstraße 42/43, Kreuzberg, www.markthalleneun.de

MOGG & MELZER

Ta' Cabrón

Kleine Taqueria mit mexikanischen Speisen wie Tacos, Burritos, und manchmal stehen auch Tamales, gedämpfte Mais-Klöße, auf der Tageskarte. Eine weitere Niederlassung gibt es in Friedrichshain (Wühlischstraße 12)
Skalitzer Straße 60, Tel.: 030/32662439, Öffnungszeiten: Mo-Do 13-23 Uhr, Fr & Sa 13-24 Uhr, So 13-23 Uhr

NEUKÖLLN

Chicha Berlin

Ceviche sind derzeit das In-Gericht in Berlin und es gibt kaum einen besseren Ort um es auszuprobieren als das Chicha. Neben klassischen Ceviche vom Adlerfisch gibt es hier auch ausgefallene Interpretationen für Liebhaber.
Friedelstraße 34, Tel.: 030/62731010, www.chicha-berlin.de, Öffnungszeiten: Mi-So 18-24 Uhr

SCHÖNEBERG

Sudaka

Chakal, der argentinische Inhaber des Sudaka, hat sich nach Portugal nun auch hierzulande einen Namen als TV-Koch und Kochbuchautor gemacht. Neben Empanadas und Steaks gibt es eine tolle Auswahl an Ceviche. Dessert-Highlight: Dulce de Leche Panna Cotta.
Goltzstraße 36, Tel.: 030/21913178, www.sudaka.de, Öffnungszeiten: So-Do 17-23 Uhr, Fr & Sa 17-24 Uhr

Spanisch

KREUZBERG

Bar Raval

Daniel Brühl ist nicht nur Schauspieler, sondern auch der Betreiber der spanischen Tapas-Bar. Zu sehen bekommt man ihn hier allerdings nicht oft. Aber das ist auch egal. Die Bar lockt von ganz allein Gäste an –

durch schmackhafte Tapas, gute Weine und Cocktails.
Lübbener Straße 1, Tel.: 030/53167954, www.barraval.de, Öffnungszeiten: tägl. 18-24 Uhr

Türkisch, Arabisch & Israelisch

CHARLOTTENBURG / WILMERSDORF

Neni

Die Inhaberin des Nenis, Haya Molcho, hat sich schon in Österreich einen Namen mit ihren israelisch inspirierten Gerichten gemacht. Mit einem schicken Restaurant im zehnten Stock des 25 Hours Hotels hat sie sich nun auch in Berlin niedergelassen. Der Blick über die Stadt ist fantastisch.
Im 25 Hours Hotel, Budapester Straße 40, Tel.: 030/120221200, www.25hours-hotels.com, Öffnungszeiten: So-Do 12-22.30 Uhr, Fr & Sa 12-23.30 Uhr

KREUZBERG

Fes BBQ

Stylisches Restaurant, daß man in der hippen Metropole Istanbul finden könnte. Es gibt hervorragende Mezze (türkische Vorspeisen), gefolgt von Fleisch, daß man selber auf dem Tisch grillen kann. Dazu trinkt man natürlich Raki.
Hasenheide 58, Tel.: 030/23917778, Öffnungszeiten: tägl. ab 16 Uhr

PRENZLAUER BERG

Osmans Töchter

Arzu Bulut und Lale Yanik haben mit Osmans Töchter zur Abwechslung mal ein erfrischend feminines und stylisches türkisches Lokal geschaffen. Die Fischgerichte und auch die Vorspeisen, Mezze genannt, sind sehr schmackhaft. Dazu ein Glas Raki trinken.

Pappelallee 15, Tel.: 030/32663388,
www.osmanstoechter.de,
Öffnungszeiten: tägl. 17.30–24 Uhr

Amerikanisch & Burger

KREUZBERG

Pacifico Berlin

Koreanische Burger mit Kimchi gehören zu den In-Gerichten in Berlin. Wer lieber etwas Leichtes mag, bekommt hier auch köstliche Reisgerichte.

Oranienstraße 147, www.pacifico-berlin.
com, Öffnungszeiten: Mo-Sa 12-24 Uhr

MITTE

Mogg & Melzer

New York-Style Deli in der ehemaligen Jüdischen Mädchenschule. Amerikaner schwärmen von den Pastrami-Sandwiches.

Auguststraße 11–13, Tel.: 030/330060770,
www.moggandmelzer.com, Öffnungszeiten:
Mo-Fr ab 8 Uhr, Sa & So ab 10 Uhr

Shiso Burger

Asiatisch inspirierte Burger. Es gibt auch Fisch und vegetarische Burger und statt normalen Pommes kann man sich für die gesündere Süßkartoffel-Variante entscheiden. Leckere Shakes.

Auguststraße 29c, Tel.: 030/88944687,
www.shisoburger.de, Öffnungszeiten:
tägl. 12-24 Uhr

SCHÖNEBERG

Zsa Zsa Burger

Freundliches Lokal mit etwas anderen Burger-Kreationen, z.B. mit gebackener Ente, Kartoffel-Zwiebel-Ziegenkäse-Rösti oder gegrillter Hähnchenbrust mit Banane und Erdnusssauce.

Motzstraße 28, Tel.: 030/21913470,
www.zsazsaburger.de, Öffnungszeiten:
tägl. ab 17 Uhr

WEDDING

Volta

Urbane, ungewöhnliche Location in einem 70er Jahre-Betonbau. Neben Burger – manche sagen, es sind die besten Berlins – bekommt man auch avantgardistisch angerichtete Snacks. Die schönsten Plätze sind an der Bar.

Brunnenstraße 73, Tel.: 0178/3965490
(Reservierung nur per SMS),
www.dasvolta.com, Öffnungszeiten:
Mo-Sa ab 18 Uhr

CEVICHERIA

Sophia Hoffmann

Kochbuchautorin & Food-Bloggerin

Ihre Restaurant & Imbiss-Tipps für Vegetarier und Veganer?
Das *Café Vux* am schönen Richardplatz hat die beste vegane
Schokotarte und ein tolles Brunch-Angebot am Wochenende. Im
Restaurant *Cookies Cream* gibt es spannende vegane und vegeta-
rische Menüs der gehobenen Art zu einem erschwinglichen Preis.
Die vegane Crêperie *Let It Be* gehört meiner Freundin Nina.
Dort stehe ich selbst manchmal am Herd. Und ich behaupte jetzt
einfach mal, dass es dort auch die leckersten veganen Burger gibt.

Berlin ist …
… wie ein riesiges Buffet. Du musst dir rauspicken, was dir am
besten schmeckt und dich satt und glücklich macht. Lass dich nicht
vom Überangebot abschrecken.

Wie verbringen Sie einen heißen Sommertag in der Stadt?
Am besten mit einem Buch in Wassernähe, wie an der *Krummen
Lanke* oder am *Schlachtensee*. Wenn ich arbeiten muss, springe ich
abends noch kurz ins Schwimmerbecken im *Columbiabad*, danach
gibt es ein Sorbet-Eis bei *Fräulein Frost* oder Sonnenuntergang
gucken mit Freunden am *Bouleplatz* am Kanal.

Was muss man in Berlin gesehen und erlebt haben?
Eine durchtanzte Nacht in *Clärchens Ballhaus*, ein Besuch in der
Schaubühne oder der *Volksbühne*. Und natürlich einen Ausflug zum
Wannsee inklusive *Pfaueninsel*.

Café Vux – Wipperstraße 14, Neukölln / *CookiesCream* – Behrenstraße 55, Mitte / *Let
It Be* – Treptower Straße 90, Neukölln / *Krumme Lanke & Schlachtensee* – Zehlendorf /
Columbiabad – Columbiadamm 160-190, Kreuzberg / *Fräulein Frost* – Friedelstraße 39,
Neukölln / *Bouleplatz am Landwehrkanal* – Paul-Lincke-Ufer 13, Kreuzberg / *Clärchens
Ballhaus* – Auguststraße 24, Mitte / *Schaubühne* – Kurfürstendamm 153, Charlottenburg /
Volksbühne – Linienstraße 227, Mitte / *Pfaueninsel* – Wannsee, Zehlendorf

BERLINS STREET FOOD REVOLUTION

Der Begriff Street Food ist den Berlinern kein Fremdwort mehr. Der Street Food Thursday in der *Markthalle Neun* (*Eisenbahnstraße 42/43, Kreuzberg*) – von der britisch-indischen Kavita Meelu ins Leben gerufen – ist ein absoluter Lieblingstreffpunkt für viele Berliner geworden. Jeden Donnerstag kann man sich durch die Küchen der Welt schlemmen – von Ceviche und Pulled Pork Sandwiches, über Käsespätzle und Brettljaus'n bis hin zu mexikanischen Tacos und japanischen Onigiri. Für jede Berlinbesucherin ein absolutes Muss. Im Sommer findet dann an einigen Wochenenden der *Bite Club* (*www.biteclub.de*) auf einem Gelände direkt an der Spree statt. Und in Prenzlauer Berg lockt jeden Sonntag *Streetfood auf Achse* in der Kulturbrauerei (www.streetfoodaufachse.de). Der *Bar Market* (*Facebook: Barmarket*) – hier liegt der Schwerpunkt auf Cocktails und kleinen Snacks – sorgte erstmals Anfang 2014 für Furore und soll bald zu einem regelmäßigen Event werden. Viele der Street-Food-Stände und -Trucks sind auch bei anderen Happenings in der Stadt zu finden, wie etwa bei der Berlinale oder bei der Veranstaltungsreihe *Burgers and Hip Hop* (*www.facebook.com/burgersandhiphop*).

Highlights der Street-Food-Szene sind das Bibimbap von *Mr. Susan* (*www.mrsusan.com*), die taiwanesischen Burger von *Bao Kitchen* (*www.facebook.com/BaoKitchen*), knusprige gefüllte Teigbällchen von *Maru Takoyaki* (*takoyaki.info@gmail.com*), glutenfreie Arepas von *Maria Maria* (*www.facebook.com/mariamariaarepas*), handgemachte Kässpätzle von *Heisser Hobel* (*heisserhobel@gmail.com*), und die Eiscreme-Sandwiches von *Zwei Dicke Bären* (*www.facebook.com/ZweiDickeBaeren*).

Lokal, Saisonal & Bio
FRIEDRICHSHAIN

Fame
Zumindest für die nächsten zwei Jahre ist das Fame, was Hunger auf Italienisch heißt, unter den S-Bahnbögen an der Michaelbrücke zu finden. Dann zieht es ein paar Meter weiter auf das fertige Areal des Holzmarktes (www.holzmarkt.com). Das Restaurant des Katerschmaus-Teams lockt im Sommer mit einer herrlichen Terrasse direkt an der Spree. Im Winter sitzt man im gemütlichen Backsteingewölbe. Serviert werden mediterran angehauchte Gerichte mit überwiegend saisonalen oder regionalen Zutaten.

Holzmarktstraße 25, Friedrichshain, Tel.: 030/51052134, www.fame.katerschmaus. de, Öffnungszeiten: Di-Sa ab 19 Uhr

KREUZBERG

CFLCanteen
An eine herkömmliche Kantine erinnert in diesem hippen Lokal wirklich nichts. Nur dass zu den Stammkunden die Nutzer des Co-Working-Space aus demselben Gebäude gehören.
Lindenstraße 20, www.cfl-canteen.com, Öffnungszeiten: Mo-Fr 11–18 Uhr

FAME

Kantine Kohlmann

Neben einer kleinen saisonalen Karte
stehen vor allem Häppchen wie Rote
Bete Tatar, Königsberger Klopse oder
Senfeier auf der Karte. Die kleinen Speisen
schmecken aber wesentlich raffinierter,
als man sie sonst so kennt. Sehr schickes
urbanes Interieur. Gleichzeitig sorgen
die Holztische und das Kerzenlicht für
viel Gemütlichkeit.
*Skalitzer Straße 64, Tel.: 030/
85611133, www.kantine-kohlmann.de,
Öffnungszeiten: Mo-So ab 18 Uhr*

Ora

Die Brasserie Ora war mehr als 100 Jahre
lang eine Apotheke und genau das macht
den besonderen Charme aus. Hinter der
Theke stehen noch immer die alten
Medizinflaschen im Holzregal.
*Oranienplatz 14, www.ora-berlin.de,
Öffnungszeiten: tägl. 10-1 Uhr*

TIPP: KANTINE NEUN

*Gemeinsam kochen und essen
ermöglicht den leichtesten Austausch
zwischen Kulturen. Wie gut dies
tatsächlich funktioniert, zeigt die
Kantine Neun. Hier stehen nun auch
Flüchtlinge am Herd und präsentieren
Köstlichkeiten aus ihrer Heimat.*

*In der Markthalle Neun, Pücklerstraße
34, Tel.: 0157/31346437, www.
markthalleneun.de, Öffnungszeiten:
Mo-Fr 11.30-15 Uhr, Sa 11-17 Uhr*

MITTE

Kantine

Der zweistöckige Sichtbetonkubus wurde
vom Architekturbüro David Chipperfield
als Kantine für die eigenen Angestellten in
einem Hinterhof erbaut. Aber auch jeder
andere, der seinen Weg dorthin findet, ist
willkommen. Die deutsch angehauchten
Gerichte werden alle frisch mit regionalen
oder biologischen Zutaten zubereitet.
*Joachimstraße 11, Tel.: 030/6111412,
Öffnungszeiten: Mo-Fr 10-24 Uhr,
Sa 19-24 Uhr*

KATZ ORANGE

Katz Orange

Betreiber Ludwig Cramer-Klett ist Perfektionist. Das zeigt sich nicht nur bei den schonend gegarten Gerichten und überwiegend regional eingekauften Zutaten. Auch die detailverliebte, gemütliche Einrichtung lässt einen schon mal vergessen, dass man in einem Restaurant sitzt und nicht bei Freunden im Wohnzimmer. Das dazughörige Contemporary Food Lab ist ein Ort für spannende Diskurse und innovative Ausstellungen zum Thema Ernährung und Gesellschaft.
Bergstraße 22, Tel.: 030/983208430, www.katzorange.com, Öffnungszeiten: tägl. ab 18 Uhr

Lokal

Das Motto saisonal und regional wird in dem angenehm schlichten Lokal hoch gehalten. Das Essen ist köstlich, die Portionen anständig und das Service exzellent. Gute deutsche Weine. Am Abend sollte man reservieren.
Linienstraße 160, Tel.: 030/28449500, www.lokal-berlin.blogspot.de, Öffnungszeiten: Mo–So ab 17 Uhr

NEUKÖLLN

Beuster Bar

Eigentlich kennt man solche Bars nur aus New York. Bei hervorragenden Drinks und köstlichem Essen vergisst man hier, dass man auch ein Zuhause hat.
Weserstraße 32, Tel.: 030/41959780, www.beusterbar.com, Öffnungszeiten: Mo–So ab 18 Uhr

Nansen

Kleine, regelmäßig wechselnde Speisekarte. Die Zutaten sind überwiegend aus der Region und saisonal. Man sitzt bei Kerzenlicht in einer rustikalen Stube.
Maybachufer 39, Tel.: 030/66301438, www.restaurant-nansen.de, Öffnungszeiten: tägl. ab 18 Uhr

CAFÉ VUX

Sauvage

Als das Sauvage vor ein paar Jahren eröffnete, war es das erste Paleo-Restaurant der Welt. Das Prinzip basiert auf den Essgewohnheiten aus der Steinzeit. Verwendet werden nur natürliche und unverarbeitete Zutaten. Nicht verwendet werden etwa Getreide, Milchprodukte und raffinierte Öle. Die Speisen sind alle kohlenhydrat- und glutenfrei.
Pflügerstraße 25, Tel.: 030/53167547, www.sauvageberlin.com, Öffnungszeiten: Di–So 18–23 Uhr

Vegetarisch & Vegan

NEUKÖLLN

Burrito Baby

Süßer, vegetarischer Burrito-Laden im angesagten Neukölln. Serviert wird eine Fusion aus mexikanischem und australischem Streetfood.
Pflügerstraße 11, Tel.: 030/33851520, www.burritobaby.de, Öffnungszeiten: Di–Do 17–22 Uhr, Fr–So 15–22.30 Uhr

Café Vux

Gleich ums Eck vom Richardplatz in Rixdorf liegt das Café Vux. Kuchen, Cookies, belegte Bagels oder Smoothies – alles ist vegan, immer ganz frisch und natürlich hausgemacht. Besonders köstlich ist der Schoko-Chili-Kuchen.
Wipperstraße 14, www.vux-berlin.com, Öffnungszeiten: Mi-Sa 12-19 Uhr, So 12-18 Uhr

Let it Be

Vegane Crêperie. Neben Crêpes werden auch Smoothies, Kuchen, Sandwiches und Suppen serviert. Jeden dritten Sonntag im Monat gibt es ein üppiges Brunch-Büffet.
Treptower Straße 90, Tel.: 030/ 52669368, www.letitbevegan.de, Öffnungszeiten: Mi-Fr 15-22 Uhr, Sa & So 13-22 Uhr

MITTE

Cookies Cream

Das Cookies Cream ist das erste Restaurant von Heinz Gindullis, Gründer des Clubs Cookie. Serviert wird experimentelles vegetarisches Essen. Die Gerichte sind so raffiniert, dass sogar Fleischliebhaber dem Lokal gerne einen Besuch abstatten.
Behrenstraße 55, Tel.: 030/27492940, www.cookiescream.com, Öffnungszeiten: Sommer Di-Sa ab 19 Uhr, Winter Di-Sa ab 18 Uhr

Kopps

In dem edlen Lokal in Mitte werden unter anderem typisch deutsche Gerichte auf vegan getrimmt. Viele Zutaten kommen aus der Region und alles ist frisch. Am Wochenende gibt es Brunch.
Linienstraße 94, Tel.: 030/43209775, www.kopps-berlin.de, Öffnungszeiten: Mo-Do ab 17.30 Uhr, Fr-So ab 9.30 Uhr

PRENZLAUER BERG

Lucky Leek

Veganer lieben dieses Lokal. Es gibt viele Raw-Food-Gerichte. Nichts wird bei mehr als 40 Grad zubereitet.
Kollwitzstraße 54, Tel.: 030/66408710, www.lucky-leek.de, Öffnungszeiten: Mi-So ab 18 Uhr

Imbiss

FRIEDRICHSHAIN

Nil

Sudanesischer Imbiss. Lecker sind die Falafel mit Erdnusssauce oder der Teller mit Frischkäse und Schwarzkümmel. Dazu unbedingt den hausgemachten Tamarinden- oder Hibiskus-Eistee ausprobieren.
Grünberger Straße 52, Tel.: 030/ 29047713, www.nil-imbiss.de, Öffnungszeiten: tägl. 11-24 Uhr

MITTE

Momos

Hier werden nepalesische Momos mit vegetarischen Füllungen aufgetischt.
Fehrbelliner Straße 5, Tel.: 0160/ 2688177, www.momos-berlin.de, Öffnungszeiten: Mo-Sa 12-21 Uhr

Yarok

In dem syrischen Imbiss isst man Fatoush, Halloumi, Falafel, Mutabel und andere frisch zubereitete Speisen.
Torstraße 195, www.yarok-restaurant.de, Öffnungszeiten: tägl. 12-24 Uhr

KREUZBERG

Mo's kleiner Imbiss

Man sollte sich auf keinen Fall von der gemächlichen Zubereitung der Speisen abschrecken lassen. Die günstigen, großen Portionen Falafel oder Halloumi im Brot sind hervorragend.

Urbanstraße 68, Öffnungszeiten:
tägl. 13-23 Uhr

Rice Up

Um eines der frischen und gesunden
Onigiri, gefüllte Reisdreiecke, von Rice
Up zu ergattern, steigt man schon mal
außerplanmäßig bei der U-Bahnstation
Schönleinstraße aus. Hier wird der
köstliche Snack in einem Mini-Kiosk
verkauft. Dazu gibt es Chai oder Eistee
der Kreuzberger ManuTeeFaktur.
In der U-Bahnstation Schönleinstraße,
www.rice-up.de, Öffnungszeiten:
Mo-Fr 7-20 Uhr, Sa 10-20 Uhr

NEUKÖLLN

Azzam

Kein Lokal zum gemütlichen Sitzen-
bleiben, aber Humus, Foul und Falafel
sind fantastisch.
Sonnenallee 54, Öffnungszeiten:
tägl. ab 8 Uhr

Ban Ban Kitchen

So weit unten auf der Hermannstraße
erwartet man kaum einen hippen Imbiss-
Stand wie Ban Ban Kitchen. Serviert wird
koreanisches Streetfood.

BARCELLOS SALON SUCRÉ

Hermannstraße 205, Öffnungszeiten:
(Von Ende Januar bis Anfang März
geschlossen) Mo-Sa 17-23 Uhr,
So 17-22 Uhr

YuMe

Kleiner Imbiss spezialisiert auf Gyoza,
die köstlichen japanischen Teigtaschen.
Pannierstraße 55, Öffnungszeiten:
Mo-Sa 10-19 Uhr

PRENZLAUER BERG

Sababa

Hier kommen vor allem Vegetarier auf ihre
Kosten. Die Speisen werden immer frisch
zubereitet. Spezialität des Hauses ist Humus
in verschiedenen Varianten, zum Beispiel
mit Shakshuka, gebratenem Fleisch oder
warmen Kichererbsen.
Kastanienallee 50-51, Öffnungszeiten:
tägl. 11-22 Uhr

Eiscreme

KREUZBERG

Anna Durkes

Hübsches, kleines Eiscafé im beliebten
Graefekiez. Neben einer feinen Auswahl
an italienischem Gelato gibt es italienische
Süßigkeiten und Kaffee. Beste Eissorten:
Pistazie und Mango.
Graefestraße 80, www.annadurkes.com,
Öffnungszeiten: Di-So 13-20 Uhr

NEUKÖLLN

Fräulein Frost

Hier gibt es echtes Gelato. Das Treiben
auf der netten Straße kann man dann mit
einem Glas Prosecco oder einer Kugel
Guzimi Sorbet (Gurke, Zitrone und Minze)
genießen. Viele der um die 60 Sorten
sind vegan oder ohne Milch.
Friedelstraße 39, Öffnungszeiten:
Mo-Fr ab 13 Uhr, Sa & So ab 12 Uhr

PRENZLAUER BERG

Hokey Pokey
Hier muss man sich schon mal auf lange Schlangen gefasst machen, um eine Kugel Café Noir, Rocky Road oder Sizilianische Pistazie zu ergattern. Die Nachbarschaft – egal ob jung oder alt – liebt diesen Eisladen.
Stargarder Straße 73, www.hokey-pokey. de, Öffnungszeiten: tägl. 12-22 Uhr (im Winter verkürzte Öffnungszeiten)

Kuchen & Süßes

FRIEDRICHSHAIN

Olivia
Herziges, kleines Café mit herrlichen Tartes, Schokoladen, Keksen und einer tollen Auswahl an Geschenken.
Wühlischstraße 30, Tel.: 030/60500368, www.olivia-berlin.de, Öffnungszeiten: Mo-Sa 12-19 Uhr, So 13-18 Uhr

KREUZBERG

Barcellos Salon Sucré
Erich Müller ist Konditor, seine Frau schneidet Haare. Das hat zur Eröffnung eines Ladens geführt, der halb Frisör, halb Bäckerei ist. Ein Salon Sucré eben. Aber keine Angst: Die Räume sind so voneinander getrennt, dass man sicher keine Haare in den Köstlichkeiten findet. Die Schokoladen-Croissants, Éclairs und Passionsfrucht-Törtchen sind einfach himmlisch.
Görlitzer Straße 32a, Tel.: 030/6122713, www.salonsucre.de, Öffnungszeiten: Fr-So 10-18 Uhr

Lato Dolce
In dieser italienische Pasticceria gibt es herrliche kleine Kuchen und Gebäck. Ideal zum Kaffee oder als Mitbringsel.
Graefestraße 11, Tel.: 0173/5937573, www.latodolce.com, Öffnungszeiten: Mo-So 8-19 Uhr

Secret Tea House
Zu den heißen und kalten Tees gibt es hier hervorragende Süßigkeiten wie Ingwerkuchen und Häppchen von The Lovebite Girl, die alle vegan, bio und glutenfrei sind. Spezialität ist hier der selbst angesetzte Kombucha.
Paul-Lincke-Ufer 44A, 2. Hof Aufgang A, Tel.: 030/61629691, www.manuteefaktur.com, Öffnungszeiten: Do-Sa 11-18 Uhr

MITTE

Bäckerei Alpenstück
Entspanntes Café, das gerne von den Familien aus der Nachbarschaft besucht wird. Es gibt Brot, süßes Gebäck und Blechkuchen aus der hauseigenen Bäckerei. Gleich gegenüber liegt die dazugehörige Manufaktur (Schröderstraße 15, Mitte) mit köstlichen Lebensmitteln aus eigener Herstellung wie Semmelknödel, Suppen und Marmeladen zum Mitnehmen.
Schröderstraße 1, Tel.: 030/21751645, www.alpenstueck.de, Öffnungszeiten: Mo-Fr 7-19 Uhr, Sa & So 8-18 Uhr

Confiserie Orientale

Der weibliche Touch der Inhaberin Sevgi Gürez ist kaum zu übersehen: Die weißen Holzregale, gefüllt mit hübschen Schächtelchen voller Marzipan oder Lokum, sind frisch aus der Türkei importiert. Dazu gibt es natürlich türkischen Mokka.
Linienstraße 113, Tel.: 030/60925957, www.cemilzade.com.tr/berlin, Öffnungszeiten: Di-Fr 11-19 Uhr, Sa & So 12-18 Uhr

CONFISERIE ORIENTALE

Du Bonheur

Klassische französische Patisserie. Egal ob man hier ein Croissant, Macarons oder Éclairs ausprobiert, man wird auf keinen Fall enttäuscht.
Brunnenstraße 39, Tel.: 030/56591955, www.dubonheur.de, Öffnungszeiten: Mi-Fr 8-19 Uhr, Sa & So 9-19 Uhr

Princess Cheesecake

Sehr feminin und liebevoll eingerichtetes Café mit einer unglaublichen Auswahl an Cheesecakes und anderen Torten. Wer durch Mitte bummelt, sollte hier unbedingt eine kleine Pause einlegen.
Tucholskystraße 37, Tel.: 030/28092760, www.princess-cheesecake.de, Öffnungszeiten: Mo-So 10-19 Uhr

Märkte & Food-Shopping

CHARLOTTENBURG / WILMERSDORF

Rogacki

Feinkostparadies der alten Schule mit Westberliner Flair. Man kann alle möglichen Köstlichkeiten mitnehmen oder gleich an einem der Stände etwas essen. Besonders empfehlenswert ist die große und gute Auswahl an Fisch und Meeresfrüchten.
Wilmersdorfer Straße 145/146, Tel.: 030/3438250, www.rogacki.de, Öffnungszeiten: Mo-Mi 9-18 Uhr, Do 9-19 Uhr, Fr 8-19 Uhr, Sa 8-16 Uhr

PRINCESS CHEESECAKE

KREUZBERG

Kado

Süß, salzig, herb, schokoladig, in Pulverform, zum Kochen und Backen. In dem herrlich altmodischen Geschäft gibt es Lakritze in jeglicher Form und aus aller Welt.

Graefestraße 20, Tel.: 030/69041638, www.kado.de, Öffnungszeiten: Di-Fr 9.30-18.30 Uhr, Sa 9.30-15.30 Uhr

MITTE

Wiener Brot

Köstlich duftet es in der Holzofenbäckerei der Fernsehköchin Sarah Wiener, wo man handgemachte Brotlaiber, Kaisersemmeln, Zaunerkipferl, belegte Brote und Topfengolatschen bekommt.

Tucholskystraße 31, Tel.: 030/32516526, www.wienerbrot.de, Öffnungszeiten: Mo-Fr 7-19 Uhr, Sa 8-16 Uhr

MOABIT

Go Asia

Einer der größten und besten asiatischen Supermärkte der Stadt. Es gibt nicht nur herrlich frisches Gemüse, sondern auch eine Hong Kong Bakery, wo knatsch-bunte Chiffon Cakes frisch gebacken werden.

Turmstraße 29, Tel.: 030/89580600 www.goasia.net, Öffnungszeiten: Mo-Sa 9-21 Uhr

NEUKÖLLN

Markt am Maybachufer

Jeden Dienstag und Freitag pilgern die Anwohner und Touristen zum Türkenmarkt, wie der Markt am Maybachufer genannt wird. An den Ständen werden neben türkischen Spezialitäten, frischem Obst und Gemüse Fleisch und Fisch angeboten. Und für Hungrige gibt es jede Menge Imbiss-Stände.

Maybachufer, zwischen Kottbusser Damm und Hobrechtstraße, www.tuerkenmarkt.de,

Öffnungszeiten: Di & Fr 11-18.30 Uhr, Stoffmarkt am Sa 11-18.30 Uhr

PRENZLAUER BERG

Frische Paradies

Egal welche Zutat man braucht, hier wird man sie finden. Und es gibt die größte Auswahl an Fisch und Meeresfrüchten in der Stadt.

Hermann-Blankenstein-Straße 48, Tel.: 030/3908150, www.frischeparadies.de, Öffnungszeiten: Mo-Fr 8-20 Uhr, Sa 8-18 Uhr

Goldhahn und Sampson

Ein Paradies für Gourmets. Im Hinterzimmer gibt es eine riesige Auswahl an deutschen und englischen Kochbüchern und Magazinen zum Thema Essen und Trinken und vorne lauter Köstlichkeiten von Wein und Öl über Schokoladen bis hin zu Gewürzen und Backwaren. Es finden auch tolle Kochkurse zu verschiedenen Themen und Regionen statt.

Dunckerstraße 9, www.goldhahnundsampson.de, Öffnungszeiten: Mo-Fr 8-20 Uhr, Sa 9-20 Uhr

Nachtleben & Musik

DIE STADT KENNT KEINE
SPERRSTUNDE. DIE NÄCHTE WERDEN
DURCHGETANZT. MAN MUSS NUR
WISSEN, WO GERADE GEFEIERT WIRD.

IN BERLIN AUSZUGEHEN ist eine Herausforderung: Gibt es den Club, der letzte Woche aufgemacht hat, noch? Komme ich mit meinen High Heels unversehrt eine marode Kellertreppe hinunter? Wo check ich im *Berghain* mein Make-up, wenn es auf dem WC keine Spiegel gibt? Über zehn Jahre habe ich hier als Nachtleben-Reporterin gearbeitet und überstand es, mal abgesehen von einem Dutzend verloren gegangener Handys, Perücken und Haustürschlüssel, ganz gut. Man kann sich das Berliner Nachtleben wie den jungen Klaus Kinski vorstellen – unterhaltsam, aber auch anstrengend.

„Darf ich dich zu einem Drink einladen?" Auf Fragen dieser Art braucht man in Berliner Clubs nicht zu warten, eher schon auf ein: „Kann ick mal'n Schluck von deinem Bier haben?" Andernorts übliche Standards wie Getränkekarten oder Türen in Waschräumen sind ebenfalls keine Selbstverständlichkeit.

Doch was sind schon ein paar Unannehmlichkeiten, wenn man mit Nächten belohnt wird, die die gesamte Lebensplanung umwerfen können? Besucherinnen aus aller Welt haben in Folge einer explosiven Nacht beschlossen, für immer nach Berlin zu ziehen. Zu Recht!

Um die Besonderheiten des Berliner Nachtlebens zu verstehen, ist der Blick in die Vergangenheit nützlich. 1989 war das Jahr des Mauerfalls und zeitgleich so etwas wie der Urknall der Clublandschaft, wie wir sie heute vorfinden, mit weit versprenkelten Standorten – schwerpunktmäßig im ehemaligen Ostteil Berlins. Die Wiedervereinigung versetzte damals ganz Deutschland in Euphorie, und in der bis dahin geteilten Stadt herrschte Ausnahmezustand. Experimentierfreudige Berliner fanden einzigartige Bedingungen vor. Verwaiste Fabrikgelände, leerstehende Wohnhäuser, Luftschutzbunker oder ehemalige DDR-Warenhäuser wurden zu Galerien und Clubs umfunktioniert.

Der freiheitliche Geist war allgegenwärtig, und die Aufbruchstimmung entwickelte zusammen mit dem damals neuartigen Techno-Sound eine Dynamik, die bis heute nachwirkt. So ist es möglich, dass sich ein ehemals kleiner Club wie die *Bar 25* immer wieder neu erfindet, um nun als „kreatives Dorf" (*www.holzmarkt.com*) mit Künstlerateliers, Theater, Restaurant, durchgehend geöffneter Kita, ökologischem Gemüseanbau und natürlich Clubbetrieb (*www.katerblau.de*) aufzuerstehen.

Dabei finden spektakuläre Partys nicht zwangsläufig in den großen Clubs wie dem *Berghain* oder *Watergate* statt. Im Sommer

gibt es After Hours häufig umsonst und spontan in Parks wie der
Hasenheide oder dem *Görlitzer Park*. Überraschungen erlebt man auch
am Theater. Die Partyreihen in der Kantine des *Hau* sind berüchtigt,
genauso wie die „Autistic Disco" in der *Schaubühne*. Schauspieler
Lars Eidinger gibt hier während seiner Partys regelmäßig den durch-
geknallten DJ. Berlin ist möglicherweise die einzige Stadt, in der
auch noch in der Straßenbahn gefeiert wird. Die Linie M 10 passiert
unter anderem das *Berghain*, *Rosi's*, den *Club der Visionäre* und die
Großraumdiskothek *Matrix*. In der „Partytram" trifft abends unter-
schiedliches Clubpublikum aufeinander, mit Sektflaschen, Bier oder
Club-Mate ausgerüstet. Die Mischung fällt jede Fahrt anders aus, die
Stimmung ist ausgelassen und Kontakte entstehen spielend. Man
könnte vom günstigsten Club der Stadt sprechen mit Eintritt 2,70
Euro (eine Fahrt). Die Berliner Verkehrsbetriebe tragen es mit Fassung.

    Und wo checkt Frau nun im Berghain ihr Make-up? Gar
nicht. Vermutlich wird sie auf der Tanzfläche ohnehin viel zu viel
schwitzen. Dass sie trotzdem toll aussehen wird, liegt an dem
allumfassenden und großartigen Gefühl, frei von Raum und Zeit
zu tanzen. Das besitzt mehr Strahlkraft als jeder Lippenstift.

— JACKIE A.

Bars

CHARLOTTENBURG / WILMERSDORF

Bar am Steinplatz

Gehobene Hotel-Bar in der Nähe des Kudamms, die auch viele Berliner regelmäßig besuchen.
Im Hotel am Steinplatz, Steinplatz 4, Tel.: 030/5544440, Öffnungszeiten: täglich ab 16 Uhr

Monkey Bar

Im zehnten Stock des denkmalgeschützten Bikini-Hauses schlürft man Cocktails und genießt dabei einen fantastischen Blick auf das Affengehege im Zoo. Laue Sommernächte kann man auf der großen Terrasse verbringen.
Im 25 Hours Hotel, Budapester Straße 40, www.25hours-hotels.com, Öffnungszeiten: So–Do 12–1 Uhr, Fr & Sa 12–2 Uhr

Rum Trader

Der Rum Trader ist eine echte Institution im Westen der Stadt. Bereits seit Mitte der Siebziger Jahre kriegen Gäste in der winzigen Bar extravagante Rum-Cocktails serviert. Man muss klingeln, um hereingelassen zu werden.
Fasanenstraße 40, Tel.: 030/8811428, Öffnungszeiten: ab 20 Uhr

FRIEDRICHSHAIN

Jigger, Beaker and Glass

Hier gibt es ausgefallene Cocktails wie Noel Fashioned und Bacon Washed Gin, die vom legendären Barchef des mittlerweile geschlossenen The Antlered Bunny zubereitet werden.
Gärtnerstraße 15, Tel.: 0157/56755726, Öffnungszeiten: Mi–So ab 19 Uhr

Place Clichy

Gemütliche Kiez-Kneipe mit Boheme-Flair. Das liegt nicht nur am französischen Betreiber, sondern auch an den guten Weinen, den Käse-Tellern und dem internationalen Publikum.
Simon-Dach-Straße 22, placeclichy-berlin.blogspot.de, Öffnungszeiten: Di–So ab 19 Uhr

KREUZBERG

Ankerklause

Eine echte Institution im Herzen Kreuzbergs. In dem kleinen Häuschen an der Kottbusser Brücke treffen Kiez-Größen auf Touristen, Studenten und Hipster. Im Sommer sitzt man auf dem schmalen Balkon über dem Landwehrkanal oder vor dem Lokal mit Blick auf den Kottbusser Damm. Zu jeder Tages- und Nachtzeit lohnt sich hier ein Besuch. Die Musik kommt aus der großartig bestückten Jukebox.
Kottbusser Damm 104, Tel.: 030/6935649, www.ankerklause.de, Öffnungszeiten: Mo ab 16 Uhr, Di–So ab 10 Uhr

BAR IM PAULY SAAL

MONKEY BAR

Bar Marqués
Im Keller der spanischen Tapas-Bar Marqués bekommt man köstliche Cocktails. Die besten Plätze sind an der Bar, wo man dem Chef-Barkeeper bei seinen Mix-Künsten beobachten kann.
Graefestraße 92, Öffnungszeiten: Di–Sa ab 19 Uhr

Lugosi
Geräumige Bar im Stil eines mondänen Wohnzimmers gleich beim schönen Paul-Lincke-Ufer. Hier trifft man auf eine internationale Mischung aus Anwohnern und Besuchern.
Reichenberger Straße 152, www.lugosi-berlin.de, Öffnungszeiten: tägl. ab 19 Uhr

Schwarze Traube
Gemütlich schummrige Cocktailbar. Es gibt Tages-Specials oder man sagt, auf was man Lust hat. Dann kann man sich getrost auf die Empfehlung des Teams verlassen. Gemixt werden die Getränke vom besten Bartender Deutschlands Atalay Aktas.

Wrangelstraße 24, Tel.: 030/23135569, Öffnungszeiten: tägl. ab 19 Uhr

Würgeengel
Die Bar wurde nach dem gleichnamigen Film von Luis Buñuel benannt und spielt auf die Tatsache an, dass ein unerklärbarer Zwang die Menschen daran hindert, den Raum zu verlassen. Wahrscheinlich liegt es bei dieser Bar aber eher an der entspannten Atmosphäre und den guten Cocktails.
Dresdener Straße 122, Tel.: 030/ 6155560, www.wuergeengel.de, Öffnungszeiten: tägl. ab 19 Uhr

MITTE

Bar 3
Versteckt hinter der Volksbühne liegt die minimalistische Bar 3. Hier kommt man schnell ins Gespräch mit Künstlern und Kreativen.
Weydingerstraße 20, Öffnungszeiten: Di–Sa ab 19 Uhr

Sasha Perera

—

Musikerin aka Perera Elsewhere /
Mother Perera / Jahcoozi

—

Was ist der coolste Sound der Stadt?

Ich stehe nicht wirklich auf cool. Ich bin ein echter Musik-Nerd und
höre eher gesichtslose Musik, also nichts, was man als cool labeln
könnte. Viel instrumentelles Zeug. Felix K hat 2013 das fantastische
Album Flowers of Destruction gemacht. Ach … und dann gibt es ja
noch dieses seltsame Mädel namens Perera Elsewhere, die so klingt,
als ob sie überall und nirgendwo ist und die meiste Zeit ziemlich
drauf ist. Das ist düsteres Zeug: Die Leute nennen ihren Sound
Doom-Folk!

Wohin gehen Sie, um gute Musik zu hören?

Ich setze mir meine Ohrhörer auf und gehe laufen! Oder ich
gehe zu den Gigs von befreundeten DJs, wenn ich in der Öffentlich-
keit tanzen will … Kepler, Sarah Farina, Sick Girls. Die machen
eine Party, die Rec Room heißt. Shlomp und Through My Speakers
machen gute Bass-Musik-Partys. *Gegen Berlin* ist eine LGBT-
Party-Reihe mit eklektischem Booking, die ziemlich lustig sein
kann. *Mindpirates* machen manchmal coole Ausstellungen und
kleine Partys.

Was zeigen Sie Freunden, die auf Berlinbesuch sind?

Das *Sowjetische Ehrenmal* im Treptower Park. *St. Agnes* in
Kreuzberg. Das Gebäude ist toll, und die haben manchmal coole
Ausstellungen. Die *Savvy Galerie* in Neukölln. Meine Freunde
von *Starstyling* haben einen Shop in der Mulackstraße mit ihren
Designs. Der *Humana* Shop am Frankfurter Tor … Stalin trifft
Dolce & Humana auf drei Stockwerken! Vielleicht nehme ich sie
auch ins *Südblock* mit. Es ist eines der wenigen Lokale, das es
schafft, eine Mischung aus transgender Hipstern, Künstlern, Expats,
politischen Aktivisten, echten Berlinern und Bewohnern aus dem
Sozialbau anzuziehen. Echte Kreuzberger Integration.

Mindpirates – Schlesische Straße 38, 3. Hinterhof, Kreuzberg / *Sowjetisches Ehrenmal* – Treptower Park, Treptow / *St. Agnes* – Alexandrinenstraße 118-121, Kreuzberg / *Savvy Contemporary* – Richardstraße 20, Neukölln / *Starstyling* – Mulackstraße 4, Mitte / *Humana* – Frankfurter Tor 3, Friedrichshain / *Südblock* – Admiralstraße 1/2, Kreuzberg

Bar im Pauly Saal

Wer gehobene Barkultur liebt, ist hier genau richtig. Elegantes Ambiente, gute Drinks und professioneller Service. Die Bar und das dazugehörige Restaurant Pauly Saal ist im Gebäude der ehemaligen Jüdischen Mädchenschule untergebracht, wo man auch Galerien findet.

Auguststraße 11-13, www.paulysaal.com, Öffnungszeiten: tägl. ab 18 Uhr

Bar Milano

Eine der gemütlichsten Bars in Mitte, um nach der Arbeit bei einem Aperitif den Abend einzuläuten.

Brunnenstraße 11, Tel.: 030/47377011, www.bar-milano.de, Öffnungszeiten: Mi-Sa ab 17 Uhr

Kim Bar

Gemischtes Party-Publikum aus der Kreativ- und Kunstszene, zum Teil auch etwas studentisch. Philipp Bellinger, der für den Sänger Dagobert auch Gitarre und Klavier spielt, ist der sympathische Inhaber des Kims. Immer ein anderes Motto, Vernissage-Partys, verschiedene DJs wie Nadine Borau oder Shirin Barthel, und manchmal finden auch Live-Konzerte statt.

Brunnenstraße 10, www.kim-bar.com, Öffnungszeiten: Di-Sa ab 20 Uhr

Visite ma tente

Gemütliche, von Franzosen gegründete Bar für einen Aperitif, aus dem gerne mal mehr werden können, und ehe man sich versieht, ist es tief in der Nacht. Drink-Tipp: Ti Punch mit Rum aus La Réunion.

Christinenstraße 24, Öffnungszeiten: tägl. ab 18 Uhr

NEUKÖLLN

Frollein Langner

Typische Berliner Bar mit gemütlichen Sofas und zusammengewürfeltem Interieur im noch eher ruhigen Neuköllner Schillerkiez nahe des alten Tempelhofer Flughafens. Tagsüber kommt man auf einen Kuchen, Onigiris oder eine Quiche vorbei, abends zum Quatschen, Kickern oder Versacken bei einem guten Glas Wein an der Bar. Hin und wieder finden auch Konzerte statt.

Weisestraße 34, www.frollein-langner.de, Öffnungszeiten: tägl. ab 12 Uhr

Geist im Glas

Supergemütliche, mit Kerzen beleuchtete Bar in einer ruhigen Seitenstraße des Kotbusser Damms. Abends treffen sich hier Neuköllns Kreative und Besucher aus aller Welt. Spezialität des Hauses sind selbst gemachte aromatisierte Spirituosen wie Bourbon mit Chili, Gin mit Blaubeere, Wodka mit Ingwer oder Japaleno-Apri-kosen-Tequila und eine große Auswahl an Whiskey.

Lenaustraße 27, www.geistimglas.com, Öffnungszeiten: tägl. ab 19 Uhr

Holz-Kohlen

Entspannte Bar auf der Weserstraße – Neuköllns Barmeile. Entweder sitzt man am langen Tresen oder auf einem der kleinen Tische im Hinterzimmer. Die Preise für die Drinks sind fair und man kommt leicht mit anderen ins Gespräch.

Weserstraße 28, www.holz-kohlen.de, Öffnungszeiten: Mo-Sa ab 20 Uhr

Nathanja & Heinrich

Tagsüber Café, abends Bar mit Wohn-zimmeratmosphäre. Durch die großen Fenster kann man auch das Treiben auf der Straße beobachten. Sympathisches internationales Publikum aus dem Kiez. Bester Drink ist der Basil Smash.

Weichselstraße 44, Öffnungszeiten: Mo-Fr ab 15 Uhr, Sa & So ab 13 Uhr

Hadnet Tesfai

Moderatorin

In welchen Clubs und Bars spielt die coolste Musik?

Nie daneben liegt man im *Watergate*. Weil ich selber auch DJ bin, lege ich Wert auf eine gute Anlage. Die bekommt man dort auf jeden Fall. Der Club hat seit Jahren ein großartiges Booking und gilt als einer der besten der Welt. Wer elektronische Musik mag, wird sicher nicht enttäuscht.

Die besten Shops für Schuhe & Accessoires?

Das mit den Schuhen ist ganz klar: *Shusta*. Die Jungs haben eine tolle Selection. Sehr klassisch und erwachsen, gleichzeitig frisch und cool. Sie haben eine eigene Linie. Aus der kommt mein liebstes Paar Stiefel. Schwarz, simple, chic. Für Schmuck gehe ich gerne zu *Wald* und zu *TomShot*. Ich habe eine Schwäche für alles aus Gold und werde da immer fündig.

Berlins spannendster Kiez? Warum?

Ich mag Kreuzberg, Neukölln und Mitte, lebe aber schon seit Jahren im Wedding. Sollte ich da jemals weggehen, dann nur nach Charlottenburg. Am Wedding liebe ich das Unkomplizierte. Die Menschen sind entspannt, es interessiert sie nicht, ob man da im Abendkleid oder im Jogginganzug rumläuft. Der Bezirk hat sich in den letzten Jahren unglaublich entwickelt. Gute Restaurants, schöne Cafés, coole Bars und all das, ohne seine Seele verloren zu haben. Charlottenburg hingegen ist gesetzter. Die Strukturen da sind über Jahrzehnte organisch gewachsen und nicht im Schnelldurchgang hochgezogen worden, wie das etwa in Prenzlauer Berg der Fall ist. Man macht sich keine Gedanken über Hip- oder Cool-Sein. Der Bezirk übersteht alle Moden und interessiert sich auch nicht wirklich dafür. Das finde ich sehr sympathisch.

Watergate – Falckensteinstraße 49, Kreuzberg / *Shusta* – Rosenthaler Straße 72, Mitte / *Wald* – Alte Schönhauser Straße 32c, Mitte / *TomShot* – Alte Schönhauser Straße 25, Mitte

Soulcat

Das Soulcat nennt sich Music Bar. Live-Music und wechselnde DJs – unter anderem auch Dan Auerbach von den Black Keys – sorgen hier fast jeden Abend für super Stimmung. Aufgelegt wird nur Vinyl. Der Schwerpunkt liegt bei R'n'B, Beat, Soul und Blues aus den fünfziger und sechziger Jahren.
Pannierstraße 53, www.soulcat-berlin. com, Öffnungszeiten: Mo-Sa ab 19 Uhr

Das Tier

Tollt sich auf der Weserstraße, Neuköllns Ausgehmeile, meist eher jüngeres studentisches Publikum, so ist die Kundschaft im etwas gehobeneren Tier erwachsener. Die Stimmung ist toll und die Barkeeper trotz Andrang freundlich.
Weserstraße 42, Tel.: 0177/4572541, Öffnungszeiten: tägl. ab 19 Uhr

Thelonious Bar

Bei hervorragenden Cocktails kann man hier im Dämmerlicht sitzen bleiben, bis der Morgen graut.
Weserstraße 202, Tel.: 030/55618232, www.thelonious-bar.de, Öffnungszeiten: Fr & Sa 19-4 Uhr, So-Do 19-2 Uhr

PRENZLAUER BERG

Le Croco Bleu

Hier trifft Industrie-Design auf Natur. Zwischen den Rohren, Kesseln und Motoren aus der Zeit, als auf dem Gelände der alten Bötzow Brauerei noch Bier gebraut wurde, stehen ausgestopfte Tiere, und falsche Pflanzen schmücken das kleine Holzkabuff, in dem der Barchef seine Drinks mixt, wie den Fairy Floss, ein Glas Sazerac mit einem Hut aus Absinth-Zuckerwatte. Irgendwie märchenhaft.
Prenzlauer Allee 242, Tel.: 0151/58247804, www.lecrocobleu.com, Öffnungszeiten: Do-Sa ab 18 Uhr

Café Schwarzsauer

Die perfekte Stammkneipe. Hier kann man bis in die frühen Morgenstunden bei Gin Tonic oder Bier am Tresen versacken oder tagsüber in Ruhe frühstücken und Zeitung lesen.
Kastanienallee 13, Tel.: 030/4485633, Öffnungszeiten: tägl. 9-6 Uhr

TIERGARTEN

Victoria Bar

Hier scharte sich schon ein sympathisches Stammpublikum am langen Tresen, als die Potsdamer Straße noch eine recht triste Angelegenheit war, bevor sich dort schicke Galerien und Stores ansiedelten.
Potsdamer Straße 102, Tel.: 030/ 25759977, www.victoriabar.de, Öffnungszeiten: tägl. ab 18.30

Clubs

FRIEDRICHSHAIN

Berghain

Wenn Lady Gaga in der Stadt ist, feiert sie hier. Für viele ist das Berghain der beste Club der Stadt, für einige sogar der beste der Welt. Musiker, Maler und Autoren wie Helene Hegemann ließen sich hier inspirieren. Nur an wenigen Orten lässt sich das Gefühl, Zeit und Raum zu verlieren, so zielsicher erreichen und Exzess bis zur Selbstzerstörung erforschen, wie in den düsteren und schönen Hallen des ehemaligen Heizkraftwerks. Berüchtigt ist die Einlasskontrolle sowie Türsteher Sven Marquardt, der wegen seines stark gepiercten und tätowierten Antlitzes durchaus furchteinflößend wirkt und inzwischen selbst als Fotograf und lebendiges Kunstwerk ein Star wurde. Und wie kommt man nun rein ins Berghain? Es gibt nur zwei Möglichkeiten: entweder sehr exzentrisch und mutig gekleidet oder bewusst underdressed, eher schwarz als farbenfroh. Durchschnittliches bleibt an der Tür chancenlos.
Am Wriezener Bahnhof, www.berghain.de

Salon zur wilden Renate

Eine Feier im Salon zur wilden Renate fühlt sich an wie eine WG-Party, die außer

VICTORIA BAR

Simonne Jones
—
Musikerin & Künstlerin
—

Was ist an Berlin so inspirierend?

In dieser Stadt hat man künstlerische Freiheiten, die ich sonst nirgendwo auf der Welt erlebt habe. Ich kann hier spontan in einem Park eine Skulptur aufstellen. In Los Angeles würde man mich dafür sofort festnehmen!

Ihre Tipps fürs Berliner Nachtleben?

Im Club *P.O.P.* gibt es guten Sound und den richtigen Mix an Leuten. Ein Besuch im *Kumpelnest 3000* lohnt sich schon wegen der Schwarzlicht Peter Pan Poster. Ins *Berghain* gehe ich gerne auf Konzerte. Die haben das beste Soundsystem der Stadt, das eigens für den Raum gemacht wurde.

Welche Restaurants können Sie empfehlen?

Einen traumhaften Ausblick über Berlin hat man vom drehenden *Restaurant Sphere im Fernsehturm*.

Gibt es einen Berlin-Style?

Alles geht. Es gibt keine Regeln.

Wo kaufen Sie Ihre Kleider ein?

Bei dem veganen Label *Umasan* und beim Vintage-Store *Colours*, wo man die Klamotten pro Kilo bezahlt. Die Preise sind fair und man bekommt tolle Sachen. Ich hab dort einmal so Opa-Schuhe gefunden, die aber sehr cool und feminin sind.

P.O.P. Berlin – Kleine Präsidentenstraße 4a, Stadtbahnbogen 157/158, Mitte /
Kumpelnest 3000 – Lützowstraße 23, Tiergarten / *Berghain* – Am Wriezener Bahnhof,
Friedrichshain / *Restaurant Sphere im Fernsehturm* – Panoramastraße 1a, Mitte /
Umasan – Linienstraße 40, Mitte / *Colours* – Bergmannstraße 102, Kreuzberg

KLUNKERKRANICH

Kontrolle geraten ist. Improvisiertes Flair in einem ehemaligen Wohnhaus mit liebevoller Dekoration. In jedem Raum gibt es etwas zu entdecken, wie ein Hochbett oder ein Absinthzimmer, in dem gleichnamiges Getränk konsumiert wird. Manch ein Gast erscheint im Katzenkostüm oder mit Elfenperücke, ohne dass ein Motto vorgegeben wurde. In den Bäumen im Garten hängt ein Schiff, und ganz hinten im Haus befindet sich ein großes beeindruckendes Labyrinth, aus dem, so erzählt man sich, einige Gäste Schwierigkeiten hatten, wieder hinauszufinden. Daher ist es wohl besser, dass das Labyrinth inzwischen geschlossen wurde. *Alt-Stralau 70, www.renate.cc, Öffnungszeiten: Bar Mi-Sa ab 18 Uhr, Club Do-Sa ab 24 Uhr*

KREUZBERG

Watergate
Der Clubdinosaurier begann in den neunziger Jahren als kleiner Underground-

club und zählt heute neben Tresor und Berghain zu den renommierten Rave-Tempeln der Stadt. Wegen des hochkarätigen Line-ups und einer großen LED-beleuchteten Tanzfläche kann man hier am Wochenende nicht viel falsch machen. Im Watergate wurde einst eine Dokumentation über Partypeople der Nullerjahre gefilmt. Sie hieß bezeichnenderweise „Feiern. Don't

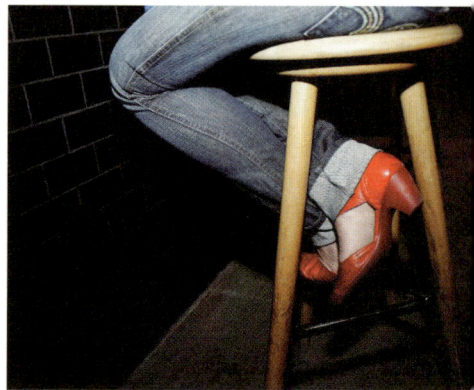

Forget To Go Home". Besonders ist auch die Terrasse, die wie ein Floß auf der Spree schwimmt. Hier nach einer durchtanzten Nacht den Sonnenaufgang zu erleben zählt zu den schönsten Dingen, die man im Watergate tun kann.

Falckensteinstraße 49, www.watergate.de, Öffnungszeiten: Mi, Fr & Sa ab 24 Uhr

NEUKÖLLN

TIPP: KLUNKERKRANICH

Die Oase über den Dächern Neuköllns liegt auf einem ehemaligen Kaufhausparkplatz. Auf 1000 Quadratmeter Asphalt wurde Holzboden verlegt, eine Bar aufgebaut, Tanzfläche und Restaurant installiert, dazu ein hübscher Dachgarten angelegt und die Ränder mit Absinthkraut, Rosmarin und Thymian bepflanzt. Während unterhalb des Kranichs auf der Karl-Marx-Straße das Leben tobt, kann man oben einen sensationellen Panoramablick bis zum Fernsehturm genießen. An den Wochenenden finden Konzerte und Partys statt. Das Publikum ist gemischt: Alternative, Neukölln-Hipster, spanische Touristengrüppchen, Clubkids, muslimische Mädchen, Väter mit Kinderwagen.

Karl-Marx-Straße 66 (Dach Neukölln Arcaden), freunde@fuchsundelster.com, www.klunkerkranich.de, Öffnungszeiten: Mo-Sa 10-24 Uhr, So 12-24 Uhr

WEDDING

Anita Berber

Anita Berber war eine skandalumwitterte Varieté-Tänzerin im Berlin der 20er Jahre und die erste Frau, die einen Smoking trug. Sie galt als kokainabhängig, trank am Tag eine Flasche Cognac und verprügelte schon mal einen Pressekritiker. In der gleichnamigen Bar kam es noch nie zu Schlägereien, doch getrunken wird auch hier ordentlich. Im spannenden Teil des Wedding ist die kleine Bar ein Geheimtipp. Sie liegt versteckt in einem leider spärlich beleuchteten 4. Hinterhof und wird von DJ Sammy D. und Tom Clark betrieben. Mitunter kommen die DJ- und Musikerkollegen vorbei, um nach einem Gig im Berghain oder dem gegenüberliegenden Stattbad Wedding zu feiern. Dabei ist die Einrichtung schlicht und elegant, verfügt über originelle Details wie einen Tresen, der aus antiken Industrieheizkörpern besteht. Einziger Kritikpunkt: die unregelmäßigen Öffnungszeiten.

Gerichtstraße 23, anitaberber@gmx.info, Öffnungszeiten auf Anfrage

Brunnen 70

Direkt am U-Bahnhof Voltastraße liegt der Club, dessen Eingang schwer zu finden ist. Ein Namensschild sucht man vergeblich. Per Lastenaufzug geht es in den Kellerclub, und manchmal teilt man sich den Lift mit einem alten Herren, der leidenschaftlich auf einem E-Piano spielt. Was so beginnt, kann nicht langweilig werden. Weitläufige Lagerräume eines Möbelkaufhauses wurden zu Tanz- und Spielplätzen für Erwachsene umfunktioniert. Es gibt jede Menge Türen und Räume, in denen sich nach eigenen Angaben sogar der Betreiber selbst noch verläuft. Auf bis zu acht Floors wird Electro, Acid- und Techhouse aufgelegt, das Line-up ist abwechslungsreich und macht Laune. Dazu findet sich ungewöhnliches Equipment im Haus, wie ein Konfetti-Automat, an dem man sich bei Bedarf einschnipseln lassen kann. Die beste Party „Wild Wedding" findet einmal im Monat statt, ein Spektakel mit Tanzperformances, Lesungen, Installationen und Liveacts.

Brunnenstraße 70/71, www.brunnen-70.de, Öffnungszeiten: Do-Sa ab 23 Uhr

Ana Finel Honigman

Kunst- und Mode-Journalistin

*Kann Berlin modemäßig mit Städten wie Paris
oder Mailand mithalten?*
Ich würde gerne lügen, aber Mode ist nicht Berlins Stärke. Kunst
ist es schon. Es gibt unzählige kreative Menschen in Berlin mit
außergewöhnlichem Geschmack. Aber der Stadt fehlt es an einer
tollen Modeschule und einem Mode-Erbe. Stil, nicht Mode, ist
das, was Berlin am besten kann.

Welche Künstler aus Berlin sollte man im Auge behalten?
Thea Gregorius ist eine junge amerikanische Künstlerin. Ihre
hübschen Zeichnungen und Kunst aus vorgefundenen Materialien
faszinieren mich. Kristine Alksnes geschnitzte Bücher sind ähnlich
poetisch. Anja Schrey ist schon etwas etablierter. Ihre fotorealistischen Buntstiftzeichnungen sind erfrischend und zeitgemäß.
Berlins Kunstszene wurde bisher noch von einer wilden und sehr
männlichen Street-Art-Ästhetik bestimmt. Aber ich glaube, dass
nachdenkliche Arbeiten von Künstlerinnen eine immer größere
Rolle spielen.

Wie sieht Ihr perfekter Tag in Berlin aus?
Ich reise so viel, dass für mich meine Wohnung das Paradies ist.
Ich verbringe meine Tage damit, zu Hause zu arbeiten, zum *Iyengar
Yoga Institut* um die Ecke zu gehen, frische Lebensmittel auf dem
Wochenmarkt am Arkonaplatz oder im *Biomarkt am Weinberg*
einzukaufen. Abends gehe ich dann mit Freunden zu Vernissagen.
Alle meine Tage in Berlin sind perfekt.

Iyengar Yoga Institut – Torstraße 126, Mitte / *Wochenmarkt am Arkonaplatz* –
Arkonaplatz, Mitte / *Biomarkt am Weinberg* – Weinbergsweg 24, Mitte

Kunst & Kultur

---

*TRADITIONELLE MUSEEN,
INNOVATIVE PROJEKTRÄUME UND
INTERNATIONALE KÜNSTLER
EROBERN BERLIN.*

„*DU BIST VERRÜCKT*, mein Kind. Du musst nach Berlin", sagte der österreichische Komponist Franz von Suppé vor 150 Jahren. Der Strom an jungen Künstlern, die es nach Berlin zieht, hält ungebrochen an. Bei den ersten Schritten in die Hauptstadt helfen ihnen zahlreiche Stipendiatenprogramme, die seit mehr als zwei Jahrzehnten wichtige internationale Künstler fördern. Herausragende Arbeit leisten etwa der *Deutsche Akademische Austauschdienst* und das *Künstlerhaus Bethanien* in Kreuzberg, das immer einen Besuch lohnt. Die Ausstellungen zeigen ein breites, sehr gut kuratiertes Bild des aktuellen Kunstschaffens in der Stadt. Und wer sich traut, an einer der 16 Atelier-Klingeln im Bethanien-Hinterhof zu läuten, wird auf offene Türen stoßen. Die Stipendiaten freuen sich über interessierte Besucher: Eine Wiener Künstlergruppe gibt spontan eine Führung durch das ganze Haus, die japanische Soundkünstlerin direkt nebenan steht am Herd und bietet selbstgemachte Miso-Suppe an. Überraschend schaut die Direktorin eines wichtigen spanischen Kunstvereins vorbei, geht zielstrebig durch die Räume und notiert sich Informationen und Namen zu den Kunstwerken in einem kleinen Notizblock. Im Hof treffe ich Juan Gaitán, kolumbianisch-kanadischer Kurator der achten Berlin-Biennale, die unter anderem im *Ethnologischen Museum* in Dahlem stattfand. Ein großartiges Museum, vor der Wende einer der wichtigen kulturellen Orte in West-Berlin. Neben originalen Schiffen aus Melanesien, einem begehbaren „Klubhaus" von den Palau-Inseln, riesigen Vitrinen mit exotischen Musikinstrumenten und Kostümen wird in einem Raum auch die Alltagskultur des heutigen Berlins präsentiert, vertreten unter anderem durch einen Dönerstand-Nachbau.

Aber zurück nach Kreuzberg, etwa in die ehemalige *St. Agnes*-Kirche. Das Kirchenschiff des brutalistischen Betonbaus nutzt der Galerist *Johann König* für Ausstellungen, und in einem Nebentrakt hat die New York University Ateliers und Vortragsräume für ein Austauschprogramm für Professoren und Kunststudenten eingerichtet. In der Wohnung des Küsters hat Jörg Koch, Macher des *032c Magazins*, einen zweiten Standort seines *032c Workshops* installiert. Einladungen zu den Ausstellungen und Bar Nights werden ausschließlich über Facebook verschickt. Häufig widmet sich das Magazin Protagonisten der Berliner Szene, etwa Jeremy Shaw. Der kanadische Künstler hat gleich nach seiner Ankunft in der Stadt mit einer spektakulären Arbeit

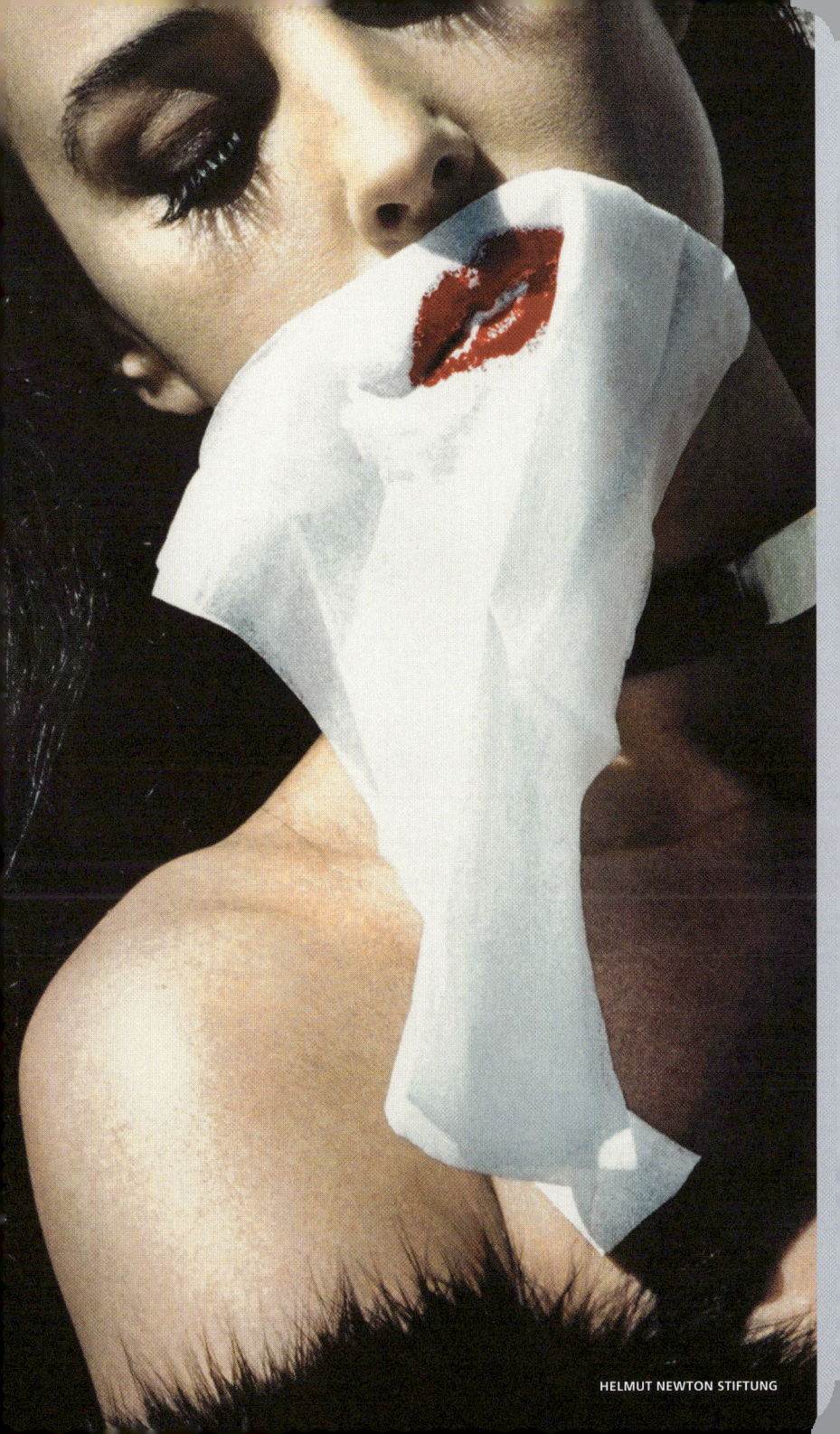

im *Schinkel-Pavillon* für Furore gesorgt. Hier lud Honecker zu Cocktail-Partys, seit ein paar Jahren bespielen internationale Größen wie Isa Genzken oder Mike Kelley den oktogonalen Raum mit Blick auf den *Berliner Dom*.

Von dem renommierten Projektraum ist es nicht weit zu den *Kunst-Werken* in Mitte. Hier auf der Auguststraße sieht man vor allem Kunsttouristen, aber auch ein paar Berliner Gesichter. Im Hinterhof der *Ehemaligen Jüdischen Mädchenschule* sitzen Tim Neuger und Burghart Riemschneider beim Mittagessen im *Pauly Saal*, ihre bekannte Galerie *neugerriemschneider* ist gleich um die Ecke in der Linienstraße. In derselben Straße findet man die *Galerie Neu* in dem ehemaligen Heizhaus eines Plattenbaus. Sie vertritt einige der spannendsten Künstler Berlins wie Klara Liden und Kitty Kraus.

Nicht nur in Mitte, sondern längst auf ganz Berlin verteilt wächst die Zahl der nicht kommerziellen, meist von Künstlern selbst betriebenen Projekträume. Das Publikum ist immer anders, und man freut sich über das Gefühl, wieder einen neuen Ort, eine neue „Szene" zu entdecken. Die Bedeutung von inzwischen etwa 150 nicht kommerziellen artists' run spaces in Berlin honoriert nun auch der Berliner Senat und hilft zum Beispiel seit 2012 mit der Finanzierung der Vereine *Art Laboratory Berlin* in Wedding und *Savvy Contemporary* in Neukölln, der sich dem Dialog zwischen Westkunst und Nicht-Westkunst widmet. Neu und interessant auch das Konzept des bekannten Fotografen Wolfgang Tillmanns, der seinen Ausstellungsraum *Between Bridges* in einer Charlottenburger Altbauwohnung eröffnet hat, in dem er neben eigenen Werken auch Arbeiten von Kollegen zeigt. Gleich um die Ecke liegt die zu Recht legendäre *Paris Bar*. Neben dem Blick auf große Kunst an den Wänden von Kippenberger und Co. bekommt man hier auch noch außergewöhnlich gute Pommes.

— LENA KÖNIG

Museen & Institutionen

CHARLOTTENBURG / WILMERSDORF

Käthe-Kollwitz-Museum
Das Museum zeigt das Werk von
Käthe Kollwitz. Die Grafikerin, Malerin
und Bildhauerin zählt zu den bekanntesten deutschen Künstlerinnen des
20. Jahrhunderts.
*Fasanenstraße 24, Tel.: 030/8825210,
www.kaethe-kollwitz.de, Öffnungszeiten: tägl. 11–18 Uhr*

Museum Berggruen
Kunst der Klassischen Moderne: Zur
Sammlung Berggruen, einer der bedeutendsten privaten Sammlungen der Welt,
gehören Werke von Picasso, Paul Klee
und Henri Matisse.
*Schlossstraße 1, Tel.: 030/266424242,
www.smb.museum, Öffnungszeiten:
Di–Fr 10–18 Uhr, Sa & So 11–18 Uhr*

Sammlung Scharf-Gerstenberg
Die Sammlung Scharf-Gerstenberg widmet
sich dem Surrealismus.
*Schlossstraße 70, Tel.: 030/266424242,
www.smb.museum, Öffnungszeiten:
Di–Fr 10–18 Uhr, Sa & So 11–18 Uhr*

DAHLEM

Ethnologisches Museum
Das Ethnologische Museum Berlin besitzt
die umfangreichste Sammlung dieser Art in
Europa. Die Sammlung gliedert sich nach
geografischen Räumen in die Abteilungen
Mesoamerika, Andenraum, Nordamerika,
Südsee und Australien, Afrika und Ost-
und Nordasien.
*Lansstraße 8/Arnimallee 25, Tel.:
030/266424242, www.smb.museum,
Öffnungszeiten: Di–Fr 10–17 Uhr,
Sa & So 11–18 Uhr*

BODE MUSEUM

Berlinische Galerie

Die Berlinische Galerie ist eines der jüngsten Museen der Stadt und sammelt in Berlin entstandene Kunst von 1870 bis heute. Herausragende Sammlungsbereiche sind Dada Berlin, die Neue Sachlichkeit und Osteuropäische Avantgarde.
Alte Jakobstraße 124–128, Tel.: 030/ 78902600, www.berlinischegalerie.de, Öffnungszeiten: Mi–Mo 10-18 Uhr

Jüdisches Museum Berlin

Der Museumsbau von Daniel Libeskind ist einzigartig in seiner Symbolhaftigkeit. In der Dauerausstellung wird die deutsch-jüdische Geschichte erzählt.
Lindenstraße 9–14, Tel.: 030/25993300, www.jmberlin.de, Öffnungszeiten: Mo 10-22 Uhr, Di–So 10-20 Uhr

Künstlerhaus Bethanien und Kunstraum Kreuzberg / Bethanien

Nach 35 legendären Jahren am Kreuzberger Mariannenplatz ist das Künstlerhaus Bethanien, das bildende Künstler und Theaterschaffende aus aller Welt beherbergt, an die Kottbusser Straße gezogen. Der Kunstraum Kreuzberg (www.kunstraumkreuzberg. de) ist in der alten Location geblieben.
Kottbusser Straße 10, Tel.: 030/6169030, www.bethanien.de, Öffnungszeiten: Di–So 14-19 Uhr

Martin-Gropius-Bau

Vielleicht der schönste Ort für große Ausstellungen. In dem 1877 errichteten Gebäude sind Wechselausstellungen zu Kulturgeschichte, Archäologie, Fotografie und Kunst zu sehen.
Niederkirchnerstraße 7, Tel.: 030/254860, www.gropiusbau.de, Öffnungszeiten: Mi–Mo 10-19 Uhr

neue Gesellschaft für bildende Kunst

Basisdemokratischer Kunstverein mit sehr großer Außenwirkung, engagierten Arbeitsgruppen und überzeugenden Ausstellungen.
Oranienstraße 25, Tel.: 030/6165130, www.ngbk.de, Öffnungszeiten: So–Mi 12-19 Uhr, Do–Sa 12-20 Uhr

Alte Nationalgalerie

In dem Bau von Friedrich August Stüler auf der Museumsinsel wird eine der bedeutendsten deutschen Sammlungen der Kunst des 19. Jahrhunderts gezeigt, darunter Meisterwerke von Caspar David Friedrich, Adolph Menzel und Edouard Manet.
Bodestraße 1–3, Tel.: 030/266424242, www.smb.museum, Öffnungszeiten: Di & Mi 10-18 Uhr, Do 10-20 Uhr, Fr–So 10-18 Uhr

Altes Museum

Karl Friedrich Schinkels Altes Museum zählt zu den bedeutendsten Bauwerken des Klassizismus. Heute beherbergt das Haus die Antikensammlung.
Am Lustgarten, Tel.: 030/266424242, www.smb.museum, Öffnungszeiten: Di & Mi 10-18 Uhr, Do 10-20 Uhr, Fr–So 10-18 Uhr

Bode Museum

Unter der Kuppel „im Wasser" werden an der nördlichen Spitze der Museumsinsel die Skulpturensammlung, das Museum für Byzantinische Kunst, das Münzkabinett und rund 150 Bilder der Gemäldegalerie gezeigt.
Am Kupfergraben, Tel.: 030/266424242, www.smb.museum, Öffnungszeiten: Di & Mi 10-18 Uhr, Do 10-20 Uhr, Fr–So 10-18 Uhr

Karen Boros

—

Kunstsammlerin

—

Berlin ist ...

... in ständigem Entstehen.

Welche Galerien und Off-Spaces sollte man besuchen?

Die Off-Spaces haben fast die Geschwindigkeit von Pop-ups,
aber es gibt einige, die seit Jahren überzeugende Arbeit leisten.
Die Ausstellungen im *Schinkel Pavillon* sollte man nie verpassen,
der Herausforderung des verglasten Oktagons nehmen sich auch
renommierte Künstler gerne an. Das *Autocenter*, initiiert von
Maik Schierloh und Joep van Liefland, und *Between Bridges* von
Wolfgang Tillmans sind im Index immer angekreuzt. Und auch
der ehemalige Gemeinderaum von *St. Agnes*, ein architektonisches
Juwel des Brutalismus.

Wie genießen und feiern Sie in Berlin?

Mich in einen tief verstellbaren Kinosessel des *Zoopalastes* sinken
zu lassen, vor dem Essen auf der Dachterrasse des *Pauly Saals* über
den Dächern dieses jüdischen Viertels bis hinüber nach Lichterfelde
Stadt einzuatmen, mich von ungewöhnlichen Gerichten im Restau-
rant *Richard* oder im *Le Bon* verwöhnen zu lassen, donnerstags beim
Streetfood Thursday der *Markthalle Neun* Vieles auszuprobieren.
Wenn ich nach einem Drink im *Buck & Breck* oder in der *Victoria
Bar* wirklich noch tanzen will, gibt es nur einen Ort: das *Berghain*.

Schinkel Pavillon – Oberwallstraße 1, Mitte / *Autocenter* – Leipziger Straße 56, Mitte /
Between Bridges – Keithstraße 15, Tiergarten / *St. Agnes* – Alexandrinenstraße 118-121,
Kreuzberg / *Zoopalast* – Hardenbergstraße 29a, Charlottenburg / *Pauly Saal* –
Auguststraße 11-13, Mitte / *Richard* – Köpenicker Straße 174, Kreuzberg / *Le Bon*
– Boppstraße 1, Kreuzberg / *Markthalle Neun* – Eisenbahnstraße 42/43, Kreuzberg / *Buck
& Breck* – Brunnenstraße 177, Mitte / *Victoria Bar* – Potsdamer Straße 102, Tiergarten /
Berghain – Am Wriezener Bahnhof, Friedrichshain

daadgalerie / Deutscher Akademischer Austauschdienst

In der DAAD-Galerie an der ehemaligen deutsch-deutschen Grenze stellen internationale Künstler die Resultate ihres Stipendienaufenthaltes vor. Seit 1965 machen Literaten, Musiker, Filmemacher und bildende Künstler auf Einladung des Auswärtigen Amts für ein Jahr Station in Berlin.

Zimmerstraße 90/91, Tel.: 030/2613640, www.daadgalerie.de, Öffnungszeiten: Mo-Sa 11-18 Uhr

Deutsche Bank Kunsthalle

Die Institution Unter den Linden zeigt ein vielseitiges Programm mit thematischen Ausstellungen und Einzelausstellungen zeitgenössischer Künstler.

Unter den Linden 13-15, Tel.: 030/ 2020930, www.deutsche-bank-kunst-halle.de, Öffnungszeiten: tägl. 10-20 Uhr

KW Institute for Contemporary Art

Die Kunst-Werke Berlin e.V. beherbergen mehrere Ausstellungsetagen, Veranstaltungs- und Arbeitsräume, Ateliers und ein Café. Wechselausstellungen zeigen aktuelle Entwicklungen in der nationalen und internationalen zeitgenössischen Kunst.

Auguststraße 69, Tel.: 030/2434590, www.kw-berlin.de, Öffnungszeiten: Mi-Mo 12-19 Uhr, Do 12-21 Uhr

Neuer Berliner Kunstverein

Etablierte Positionen und Newcomer. Der NBK sorgt sich auch um den künstlerischen Nachwuchs der Stadt. Unbedingt die Editionen im ersten Stock ansehen.

Chauseestraße 128/129, Tel.: 030/ 2807020, www.nbk.org, Öffnungszeiten: Ausstellung (EG): Di-So 12-18 Uhr, Do 12-20 Uhr, Showroom (1. Etage): Di, Mi & Fr 12-18 Uhr, Do 12-20 Uhr

Neues Museum

Die berühmte Büste der Nofretete hat hier einen eigenen Raum erhalten. Wie eine Wächterin thront sie über der Sammlung. In dem unter der Leitung von David Chipperfield restaurierten Museum sind Exponate des Ägyptischen Museums und der Papyrussammlung, des Museums für Vor- und Frühgeschichte sowie der Antikensammlung zu sehen.

NEUE NATIONALGALERIE

KW INSTITUTE FOR CONTEMPORARY ART

Bodestraße 1–3, Tel.: 030/266424242,
www.smb.museum, Öffnungszeiten:
Fr–Mi 10–18 Uhr, Do 10–20 Uhr

Pergamonmuseum

Hier sind Teile der Antikensammlung, das
Vorderasiatische Museum und das Museum
für Islamische Kunst beherbergt. Das
Pergamonmuseum ist das meistbesuchte
Berliner Museum. Aufgrund umfangreicher
Sanierungsarbeiten bleibt der Saal mit
dem Pergamonaltar bis voraussichtlich
2019 geschlossen.
Bodestraße 1–3, Tel.: 030/266424242,
www.smb.museum, Öffnungszeiten:
Fr–Mi 10–18 Uhr, Do 10–20 Uhr

MOABIT

Hamburger Bahnhof

Auf 13.000 Quadratmetern werden in dem
ehemaligen Bahnhofsgebäude Wechsel-
schauen und zeitgenössische Kunst aus den
Privatsammlungen Marx, Marzona und der
Flick Collection präsentiert.
Invalidenstraße 50/51,
Tel.: 030/266424242,
www.smb.museum,
Öffnungszeiten: Di & Mi 10–18 Uhr,
Do 10–20 Uhr, Fr 10–18 Uhr,
Sa & So 11–18 Uhr

TIERGARTEN

Akademie der Künste
Berlin Hanseatenweg

In der Akademie der Künste, 1696
gegründet und damit eine der ältesten
europäischen Kulturinstitutionen, finden
wechselnde Kunst-Ausstellungen statt.
Das Gebäude, gestaltet vom damaligen
Senatsbaudirektor und Akademie-
Präsidenten Werner Düttmann, ist ein
markantes Beispiel für die 60er-Jahre-
Architektur in Berlin.
Hanseatenweg 10, Tel.: 030/200572000,
www.adk.de, Öffnungszeiten:
tägl. 11–19 Uhr

Gemäldegalerie am
Kulturforum

Malerei vom Mittelalter bis zum Klassizismus: Zu der Sammlung, die in einem 1998
eröffneten Neubau ausgestellt wird, zählen
Meisterwerke von Tizian, Dürer, Rembrandt
und Caravaggio.
Matthäikirchplatz, Tel.: 030/266424242,
www.smb.museum, Öffnungszeiten:
Di & Mi 10–18 Uhr, Do 10–20 Uhr,
Fr 10–18 Uhr, Sa & So 11–18 Uhr

Neue Nationalgalerie

Der weltberühmte Bau von Ludwig Mies
van der Rohe, in dem vorrangig
Einzelausstellungen zeitgenössischer
Künstler zu sehen sind, hat bis 2019 wegen
Sanierungsarbeiten geschlossen.
Potsdamer Straße 50,
www.smb.museum

ZEHLENDORF

Haus am Waldsee

Die Räume der 1920er-Jahre-Villa werden
mit wechselnden Ausstellungen zur internationalen Kunstszene in Berlin bespielt. Im
hauseigenen Skulpturengarten direkt am

Lena König

Kunsthistorikerin & Kirchenbesitzerin

Sie sind in Berlin aufgewachsen. Wie hat sich die Stadt seit damals verändert?

Ich war neun, als die Mauer fiel. Ostberlin bestand für mich bis dahin nur aus dem, was man von dem Aussichtsturm an der Mauer sehen konnte, dazu der Geruch von Braunkohle und natürlich die Sandmännchen-Sendung. Als Teenie hat sich dann alles Aufregende im Osten abgespielt. Da waren lauter halb bewohnte Abrisshäuser, illegale Bars und riesige Clubs. Eine Zeitlang bin ich am liebsten nachts mit dem Auto Unter den Linden auf und ab gefahren – zwischen der Brache am Brandenburger Tor und dem Palast der Republik. Zu Hause bin ich allerdings in den West-Bezirken, in Schöneberg, im Görlitzer Park, am Stuttgarter Platz. Der Westen hat sich verhältnismäßig wenig verändert, zum Beispiel die *Deutsche Oper* an der Bismarckstraße, da war ich schon als Kind oft, weil mein Bruder dort als Statist gearbeitet hat, für mich nach wie vor ein ganz besonderer Ort.

Die besten Shops für Mode und Accessoires?

Klamotten bei *Isobel Gowdie*, Accessoires bei *Motto Berlin* oder in der *Kommedia Buchhandlung* – ein Buch ist einfach immer das beste Accessoire. Für die Kleinen empfehle ich *Lila Lämmchen*. Da gibt es angenehm altmodische Babysachen, und meine Mutter hat da schon meinen ersten Schneeanzug gekauft.

Verraten Sie uns Ihre Stammlokale und -bars?

Bandol und *3 Minutes sur Mer,* das Café der *Akademie der Künste* im Hansaviertel, nicht für den Kaffee, sondern für die Ausstellungen und vor allem die Architektur, ein sehr schönes 1960er-Jahre-Gebäude von Werner Düttmann, dem Architekt von *St. Agnes.* Das perfekte *Lokal,* der Italiener *Goldener Hahn* und die *Bar 3.*

Ihre Empfehlungen für Berlinbesucher?

Ich schicke sie immer ins Theater, in ein Stück von René Pollesch an der *Volksbühne*, eine Wiederaufführung einer Jürgen-Gosch-Inszenierung am *Deutschen Theater* oder zu Lars Eidinger in der *Schaubühne*. Wer mehr Zeit hat, fährt nach Potsdam und spaziert durch den *Schlosspark Sanssouci*.

Deutsche Oper – Bismarckstraße 35, Charlottenburg / *Isobel Gowdie* – Alte Schönhauser Straße 39, Mitte / *Motto Berlin* – Skalitzer Straße 68, Kreuzberg / *Kommedia Buchhandlung* – Marheinekeplatz 15, Kreuzberg / *Lila Lämmchen* – Dunckerstraße 79, Prenzlauer Berg / *Bandol sur Mer* & *3 Minutes sur Mer*, Torstraße 167, Mitte / *Akademie der Künste* – Hanseatenweg 10, Hansaviertel / *St. Agnes* – Alexandrinenstraße 118-121, Kreuzberg / *Lokal* – Linienstraße 160, Mitte / *Der Goldene Hahn* – Pücklerstraße 20, Kreuzberg / *Bar 3* – Weydinger Straße 20, Mitte / *Volksbühne* – Linienstraße 227, Mitte / *Deutsches Theater* – Schumannstraße 13a, Mitte / *Schaubühne* – Kurfürstendamm 153, Charlottenburg / *Schlosspark Sanssouci* – Zur Historischen Mühle, Potsdam

Wasser finden sich Werke von u.a. Tony Cragg, Jeppe Hein und Tobias Rehberger. Das Café wurde von den Berliner Werkstätten gestaltet.
Argentinische Allee 30, Tel.: 030/8018935, www.hausamwaldsee.de, Öffnungszeiten: Di–So 11–18 Uhr

Fotografie

CHARLOTTENBURG / WILMERSDORF

Camera Work
Neben den bekanntesten Künstlern der Fotografie-Geschichte wie Diane Arbus, Richard Avedon, Irving Penn oder Man Ray werden auch junge zeitgenössische Künstler gezeigt.
Kantstraße 149, Tel.: 030/3100773, www.camerawork.de, Öffnungszeiten: Di–Sa 11–18 Uhr

C/O Berlin
Seit 2006 präsentiert die selbsterklärte Non-Profit-Institution künstlerische Positionen, die Fotografie, Architektur und Design miteinander verschränken. Seit Herbst 2014 residiert der Verein im Amerika Haus.
Hardenbergstraße 22–24, Tel.: 030/28444160, www.co-berlin.org, Öffnungszeiten: tägl. 11–20 Uhr

Museum für Fotografie / Helmut Newton Stiftung
Hier werden alle Formen der Fotografie vom 19. bis zum 21. Jahrhundert präsentiert. Besonders sehenswert sind die Räume zu „Helmut Newton's Private Property" mit Ausstellungen Helmut Newtons und seiner Weggefährten.
Jebensstraße 2, Tel.: 030/31864856, www.helmut-newton.de, Öffnungszeiten: Di, Mi & Fr 10–18 Uhr, Do 10–20 Uhr, Sa & So 11–18 Uhr

MITTE

CWC Gallery
2012 wurden von den Machern von Camera Work mit der CWC Gallery zusätzliche Räume geschaffen, die den modernen Positionen gewidmet sind.
Auguststraße 11–13, Tel.: 030/24048614, www.camerawork.de, Öffnungszeiten: Di–Sa 11–19 Uhr

Galerie für Moderne Fotografie
Die Ausstellungen internationaler Fotografie in den Galerieräumen werden regelmäßig von Präsentationen im „GFM Salon" im ersten Stock begleitet, in denen das übliche Konzept des White Cubes dem des bewohnten Salons weicht.
Schröderstraße 13, Tel.: 030/23456770, www.galeriefuermodernefotografie.com, Öffnungszeiten: Do–Sa 12–20 Uhr

SAMMLUNG BOROS

TIERGARTEN

Between Bridges

Der mit dem renommierten Turner-Preis geadelte Fotograf Wolfgang Tillmans hat in einer Ladenwohnung eine eigene Non-Profit-Galerie eröffnet. Hier zeigt Tillmans nicht nur eigene Werke, sondern präsentiert vorrangig Kollegen.
Keithstraße 15, www.betweenbridges.net, Öffnungszeiten: Mi-Sa 12-18 Uhr

Private Sammlungen

FRIEDRICHSHAIN

Sammlung Haubrok

Unter dem Namen „haubrokprojects" führt das Düsseldorfer Sammlerpaar Barbara und Axel Haubrok in ihrem 2013 neu eröffneten Gebäude „Fahrbereit-schaft" Künstler- und Ausstellungsprojekte durch. Die Sammlung Haubrok gilt als eine der wichtigsten Privatsammlungen in Deutschland und umfasst Werke von Jonathan Monk, Christopher Williams, Carol Bové und Wade Guyton.
Herzbergstraße 40-43, Tel.: 0172/ 2109525, info@haubrok.org, www.haubrok.org, Öffnungszeiten: Führungen nach Terminvereinbarung

MITTE

Sammlung Boros

2008 hoben der Werbeagenturchef Christian Boros und seine Frau Karen den Vorhang für ihre Kollektion in einem ehemaligen Reichsbunker. Auf spekta-kulär gestalteten fünf Etagen wird aus-schließlich raumbezogene Kunst prä-sentiert, darunter ganze Werkgruppen von Sarah Lucas, Olafur Eliasson, Ai Weiwei, Michael Sailstorfer oder Alicja Kwade.
Bunker, Reinhardtstraße 20, info@sammlung-boros.de, www. sammlung-boros.de, Öffnungszeiten: Führungen Do-So nach vorheriger Anmeldung über die Website

Sammlung Hoffmann

In den 90er Jahren erwarben Erika und Rolf Hoffmann, vormals Fabrikanten der Van-Laack-Bekleidung, die Sophie-Gips-Höfe und errichteten innerhalb ihrer Wohnung Schauräume für ihre Kunst. Zu sehen sind Werke u.a. von Frank Stella, Isa Genzken, Bruce Nauman und Katharina Grosse.
Sophienstraße 21, Tel.: 030/28499120, info@sammlung-hoffmann.de, www. sammlung-hoffmann.de, Führungen samstags zwischen 11 und 16 Uhr nach vorheriger Anmeldung

Alicja Kwade
—
Künstlerin
—

Wo ist Berlin am kreativsten?
In den Ateliers und Musikstudios, Tanzsälen und Modeateliers und allen anderen Plätzen, an denen die unzähligen Künstler dieser Stadt tätig sind.

Was inspiriert Sie an der Stadt?
Ich weiß nicht, ob sie mich direkt inspiriert, was ich aber liebe, ist die noch gegebene Freiheit. Die Stadt ist weise, hat viel gesehen, und erlaubt einiges.

Die besten Plätze, um einen tollen Abend zu verbringen?
Essen im *Themroc* auf der Torstraße. Im Sommer unbedingt draußen auf der Straße massenweise Rosé trinken. Oder ins *Les Valseuses* auf der Eberswalder Straße gehen. Oder auch im *Pauly Saal* erst einen Drink an der Bar nehmen und dann das Essen genießen. Immer gut ist das leckere Fleisch im *Grill Royal*. Aber auch ganz großartig und noch ein Geheimtipp: im Sommer auf der Adalbertstraße sitzen bei *Chez Michel.* Da kann man, genau wie im *Themroc*, die ganze Nacht sitzen bleiben. Wenn man aber unbedingt noch weiterziehen möchte, dann in die *Bar 3.*

Ihr persönlicher Berlin-Geheimtipp?
Das *Orpheus Denkmal* von Ernst Herter, das nach dem Krieg von Arbeitern deplatziert im Wald wieder aufgestellt worden ist und vorher Teil eines Brunnens an der ehemaligen Kunsthochschule am Steinplatz in Charlottenburg war.

Themroc – Torstraße 183, Mitte / *Les Valseuses* – Eberswalder Straße 28, Prenzlauer Berg / *Pauly Saal* – Auguststraße 11-13, Mitte / *Grill Royal* – Friedrichstraße 105b, Mitte / *Chez Michel* – Adalbertstraße 83, Kreuzberg / *Bar 3* – Weydingerstraße 20, Mitte / *Orpheus mit Tieren* – Eckernförder Platz, Wedding

CFA CONTEMPORARY FINE ARTS

Me Collectors Room Berlin / Stiftung Olbricht

Neben dem KW Institute for Contemporary Art ließ sich der Mediziner und Wella-Erbe Thomas Olbricht 2010 ein Haus erbauen, in dem er in drei jährlichen Ausstellungen seine Sammlung vorstellt. Vorrangig Malerei und Fotografie u.a. von Marlene Dumas, Cindy Sherman und Franz Gertsch. *Auguststraße 68, Tel.: 030/86008510, info@me-berlin.com, www.me-berlin.com, Öffnungszeiten: Di-So 12-18 Uhr*

Galerien

CHARLOTTENBURG / WILMERSDORF

Galerie Buchholz

Fasanenstraße 30, Tel.: 030/88624056, www.galeriebuchholz.de, Öffnungszeiten: Di-Sa 11-18 Uhr

Galerie Max Hetzler

Goethestraße 2/3 & Bleibtreustraße 45, Tel.: 030/346497850, www.maxhetzler.com, Öffnungszeiten: Di-Sa 11-18 Uhr

KREUZBERG

Galerie Barbara Weiss

Kohlfurter Straße 41/43, Tel.: 030/ 2624284, www.galeriebarbaraweiss.de, Öffnungszeiten: Di-Sa 11-18 Uhr

Johann König, St. Agnes

Alexandrinenstraße 118-121, Tel.: 030/ 26103080, www.koeniggalerie.com, Öffnungszeiten: Di-Sa 11-18 Uhr

Kwadrat

Manteuffelstraße 92, Tel.: 030/69542165, www.kwadrat-berlin.com, Öffnungszeiten: Mi-Sa 13-19 Uhr

MITTE

BQ

Weydingerstraße 10, Tel.: 030/23457316, www.bqberlin.de, Öffnungszeiten: Di-Sa 11-18 Uhr

Capitain Petzel

Karl-Marx-Allee 45, Tel.: 030/ 24088130, www.capitainpetzel.de, Öffnungszeiten: Di-Sa 11-18 Uhr

CFA Contemporary Fine Arts

Am Kupfergraben 10, Tel.: 030/2887870, www.cfa-berlin.de, Öffnungszeiten: Di-Fr 10-18 Uhr, Sa 11-18 Uhr

Eigen + Art

Auguststraße 26, Tel.: 030/2806605, www.eigen-art.com, Öffnungszeiten: Di-Sa 11-18 Uhr

Galerie Neu

Linienstraße 119 abc, 030/2857550, www.galerieneu.net, Öffnungszeiten: Di-Sa 11-18 Uhr

Johnen Galerie

Marienstraße 10, Tel.: 030/27583030, www.johnengalerie.de, Öffnungszeiten: Di-Sa 11-18 Uhr

KOW

Brunnenstraße 9, Tel.: 030/31166770,
www.kow-berlin.info,
Öffnungszeiten: Mi–So 12–18 Uhr

neugerriemschneider

Linienstraße 155, Tel.: 030/28877277,
www.neugerriemschneider.com,
Öffnungszeiten: Di–Sa 11–18 Uhr

Sprüth Magers Berlin

Oranienburger Straße 18, Tel.: 030/
28884030, www.spruethmagers.com,
Öffnungszeiten: Di–Sa 11–18 Uhr

TIERGARTEN

Esther Schipper

Schöneberger Ufer 65, Tel.: 030/
374433133, www.estherschipper.com,
Öffnungszeiten: Di–Sa 11–18 Uhr

Isabella Bortolozzi Galerie

Schöneberger Ufer 61, Tel.: 030/
26394985, www.bortolozzi.com,
Öffnungszeiten: Di–Sa 12–18 Uhr

Projekte, Räume & Orte

ALT-HOHENSCHÖN-HAUSEN

Mies van der Rohe-Haus

Ludwig Mies van der Rohe hat dieses
Privathaus am Weißensee im Jahr 1933
entworfen. Es war der letzte Auftrag
des Architekten vor seiner Auswanderung
in die USA. In dem Architekturdenkmal

finden Ausstellungen statt, die den
Kontext der Entstehung als auch das
Gebäude selbst thematisieren.
Oberseestraße 60, Tel.: 030/97000618,
www.miesvanderrohehaus.de,
Öffnungszeiten: Di–So 11–17 Uhr

MITTE

032c workshop

Ein Ausstellungs- und Veranstaltungsraum,
in dessen Fokus die Künstlerpräsentationen
in der acht Meter langen, von Konstantin
Grcic gestalteten Glasvitrine stehen. Jürgen
Teller zeigte hier seine Fotos der nackten
Vivienne Westwood, und der Künstler Marc
Brandenburg inszenierte fluoreszierende
Fotografien seiner Werke in Schwarzlicht.
Brunnenstraße 9, www.032c.com,
Öffnungszeiten: Mi–Fr 12–18 Uhr

Autocenter

Die unabhängige, von Künstlern gegründete Ausstellungshalle gibt es seit 2001.
Nach über 150 Ausstellungen in Friedrichshain setzt die Non-Profit-Institution ihr
Programm jetzt in einem umsanierten
Plattenbau in Mitte fort. Besonders beliebt
sind die Auktionen im Autocenter.
Leipziger Straße 56, www.autocenterart.
de, Öffnungszeiten: Do–Sa 16–19 Uhr

Dziuba Jewels

Konzeptkünstler Martin Kippenberger hat
bei Gabi Dziuba ein Schwert aus Gold
bestellt, der Maler Hans-Jörg Mayer trägt
einen ihrer Totenkopf-Anhänger mit
Cowboy-Hut, der österreichische Minimalist
Heimo Zobernig ließ sich von ihr seine
Eheringe aus dem mit Diamanten besetzten
Schriftzug „EGALEGAL" anfertigen und
gestaltete außerdem die Berliner
Ladengalerie der Schmuckkünstlerin.
Rosa-Luxemburg-Straße 25, Tel.:
030/24625280, www.dziuba-jewels.de,
Öffnungszeiten: Mi–Fr 13–18 Uhr,
Sa 12–16 Uhr

GALERIE NEU

Gedenkstätte Berliner Mauer

Die Gedenkstätte widmet sich der Dokumentation zur Geschichte Berlins vom Bau bis zum Fall der Mauer.

Bernauer Straße 119, Tel.: 030/ 467986666, www.berliner-mauer-gedenkstaette.de, Öffnungszeiten: April-Oktober Di-So 9.30-19 Uhr, November-März Di-So 9.30-18 Uhr

Schinkel Pavillon

Außergewöhnlicher Kunstverein in einem historischen Gebäude im Garten des Kronprinzenpalais. Wo Honecker zum Cocktail bat, stellen heute Sylvie Fleurie oder Thomas Scheibitz aus.

Oberwallstraße 1, Tel.: 030/20886444, www.schinkelpavillon.de, Öffnungszeiten: Do-So 12-18 Uhr

WANNSEE

Max Liebermann-Villa am Wannsee

Neben dem restaurierten Sommerhaus und dem Garten sind Gemälde mit Motiven von Haus und Garten Max Liebermanns zu sehen. Eine Ausstellung informiert über das Leben des Berliner Malers.

Colomierstraße 3, Tel.: 030/80585900, www.liebermann-villa.de, Öffnungszeiten: Oktober-März Mi-Mo 11-17 Uhr, April-Sept Mo & Mi 10-18 Uhr, Do 10-19 Uhr, Fr & Sa 10-18 Uhr, So 10-19 Uhr

STREET-ART

Das hat schon was, wenn auf einer großflächigen Brandschutzwand, die am Tag zuvor noch schnöde weiß gestrichen war, über Nacht wie von Zauberhand plötzlich ein riesiges Kunstwerk entstanden ist. Berlin ist bekannt für seine dynamischen Street-Art-Künstler, die sich an Gebäuden und Mauern dieser Stadt verewigt haben. Oft sind es aber nur flüchtige Werke, die der nächsten Sanierungswelle wieder zum Opfer fallen werden. Hier einige der interessanteren und dauerhafteren Murals: An einer Hauswand Ecke Mariannen- und Skalitzer Straße in Kreuzberg schwebt der Astronaut des portugiesischen Künstlers *Victor Ash* (*www.victorash.net*). Gleich eine Straße weiter kann man die überlebensgroßen aufgehängten Tiere von *Roa* (*roaweb.tumblr.com*) in der Oranienstraße/Ecke Skalitzer Straße bestaunen. An einer weiteren Brandwand eines Hauses in der Kreuzberger Oppelner Straße nahe der U-Bahnstation Schlesisches Tor starrt etwas unheimlich ein gelber Mann auf die im Vergleich zu ihm ziemlich kleinen Menschen herab. Das Mural ist vom Brasilianer *Os Gêmeos* (*www.osgemeos.com.br*). Gleich ums Eck stößt man noch auf Wandgemälde des italienischen Künstlers *Blu* (*www.blublu.org*): eine gigantische pinke Figur, die aus lauter kleinen Menschen besteht, in der Oberbaumstraße. Nicht verpassen sollte man die fotorealistischen Gesichter und Menschen der Serie „Wrinkles of a City" von *JR*, unter anderem am Anfang der Prenzlauer Allee in Mitte (*www.jr-art.net*). Mehr Street Art kann man auf dem *RAW-Gelände* an der Revaler Straße in Friedrichshain oder im Innenhof vom *Haus Schwarzenberg* in der Rosenthaler Straße in Mitte bestaunen.

MIJ K DO & EL BOCHO

Events

Gallery Weekend

Berliner Galerien laden jedes Jahr an einem
Wochenende um den 1. Mai Sammler, Kuratoren und Kunstinteressierte zu einem
Galerien-Rundgang ein. Im Mittelpunkt
stehen die Ausstellungseröffnungen der
teilnehmenden Galerien am Freitagabend.
Die Galerien sind am gesamten Wochenende bei verlängerten Öffnungszeiten
zugänglich; Performances und Künstler-
gespräche sind Teil des Programms.
www.gallery-weekend-berlin.de

abc – art berlin contemporary

Ausstellungsformat für nationale und internationale Galerien. Der Fokus liegt auf den
einzelnen Arbeiten – die teilnehmenden
Galerien präsentieren sich nicht mit ihrem
Programm, sondern als Produzenten ihrer
Künstler. Die Ausstellung wird vier Tage
lang im September in einem ehemaligen
Güterbahnhof (Station-Berlin) gezeigt.
*Station-Berlin, Luckenwalder Straße
4-6, Kreuzberg, www.artberlin-
contemporary.com*

Berlin Art Week

Seit 2012 findet jeweils im September
parallel zu den Messeformaten abc–art
berlin contemporary und Preview
Berlin Art Fair die Art Week statt. In
ausgewählten Berliner Institutionen
werden in dieser Woche Sonderausstel-
lungen, Sonderprojekte und Begleit-
veranstaltungen geboten.
www.berlinartweek.de

Berlin Biennale für zeitgenössische Kunst

Die Berlin Biennale hat sich seit ihrer Grün-
dung 1998 zu einer weltweit bedeutenden
Veranstaltung für Gegenwartskunst entwickelt. Unter der Leitung eines internationalen Kurators werden von Berlin aus neue
künstlerische Entwicklungen und Visionen
erforscht und den Sommer über an verschiedenen Orten in der Stadt vorgestellt.
www.berlinbiennale.de

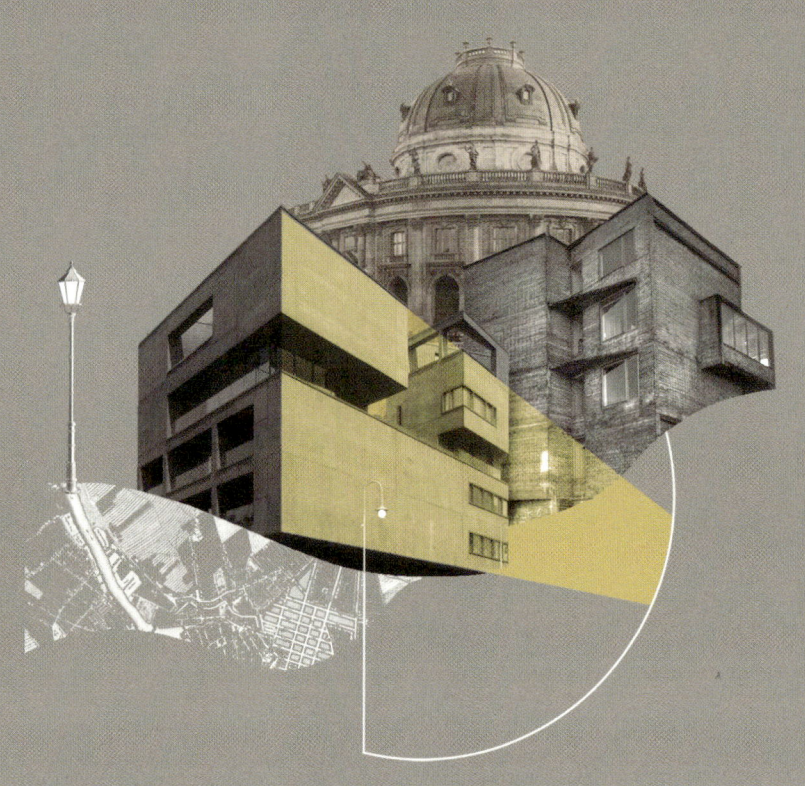

Architektur

DER STÄNDIGE WANDEL
UND DIE KREATIVE NUTZUNG
VON FREIFLÄCHEN
DEFINIEREN DAS STADTBILD.

BERLIN IST DIE STADT der Gegensätze und des Un-fertigen. Das spiegelt sich nicht nur in den vielfältigen Looks und Styles ihrer Bewohnerinnen wider, sondern auch in ihrer Architektur. Es gibt kaum einen Straßenzug, dessen Fassaden sich geschlossen als Produkt einer bestimmten Stilepoche präsentieren. Grund dafür sind die Bombenangriffe im Zweiten Weltkrieg, die in der Innenstadt die Hälfte der Gebäude zerstört haben.

Bevor mit dem Wiederaufbau von Berlin begonnen werden konnte, musste die Stadt von Trümmern und Schutt befreit werden. So entstanden Trümmerberge, unter anderem der *Teufelsberg* im Westen der Stadt, auf dem sich die *Field Station Berlin* befindet. Von hier aus hörten die Westmächte während des Kalten Krieges von der Spionage-Hauptstadt Berlin den Osten ab. Aber die Jahre nach dem Weltkrieg waren nicht nur von gegenseitigem Misstrauen, sondern auf beiden Seiten auch vom Glauben an eine bessere Zukunft geprägt. Dieser spiegelt sich zum Beispiel in den Entwürfen für das *Zentrum Kreuzberg* und das *Internationale Congress Centrum Berlin* (*ICC*) wider. Während die Form des Kreuzberger Bauensembles durch die geplante Stadtautobahn geprägt wurde, landete das Kongresszentrum direkt neben der alten nationalsozialistischen Ehrenhalle ähnlich wie ein futuristisches Raumschiff. Auch die *Tschechische Botschaft* wirkt heute noch so, als sei sie der Fantasie eines Science-Fiction-Autors entsprungen. Man könnte denken, dass die Neugestaltung der Stadt mit der Wiedervereinigung einen entscheidenden Anschub bekommen hätte. Die darauffolgenden Jahrzehnte waren jedoch größtenteils geprägt von einem Unwillen, Neues zu wagen, der sich unter dem Begriff der „kritischen Rekonstruktion" einordnen lässt. So fiel Berlin in eine Art Winterschlaf, in dem zwar gebaut wurde, nur eben keine gewagte Architektur.

In den letzten Jahren hat sich das geändert. Eine Reihe junger Architekten hat angefangen, über neue Formen des Wohnens nachzu-denken. Beispiele hierfür sind die Gebäude *L40* und *Brunnenstraße 9*. Beide Projekte füllen eine Lücke in der historisch gewachsenen Stadt, ohne den Bestand zu imitieren. Sie haben dabei eine ganz eigene inno-vative Architektursprache entwickelt. Doch was wäre das heutige Berlin ohne die Künstler und Kreativen? Auch sie haben die Gestaltung der Stadt in den letzten Jahren bedeutend beeinflusst. Entweder indem sie noch verfügbaren Raum auf unbestimmte Zeit besetzen und hier etwa

TSCHECHISCHE BOTSCHAFT

grüne Nutzflächen in die Stadt bringen wie im *Prinzessinnengarten*, oder wie im Fall von *(Ex-)Rotaprint*, wo ein bestehendes Fabrikgebäude den Bedürfnissen von Künstlern und Kreativen angepasst und dabei noch vor dem Abriss gerettet wird. Auch die ehemalige *Kirche St. Agnes* wurde zu einer Galerie umgebaut.

— KATHARINA BECKMANN / NICHE ART & ARCHITECTURE TOURS

GRUNEWALD

Field Station Berlin

Die Field Station Berlin auf dem Teufelsberg diente amerikanischen und britischen Streitkräften ab 1961 als Abhöranlage. Während des Kalten Krieges belauschten die beiden Besatzungsmächte von hier aus die Staaten des Warschauer Paktes. Das Plateau des Trümmerberges erwies sich als idealer Platz, um den Luftraum des überwiegend flachen Berlin zu überwachen. Die Field Station Berlin war ein wenig subtiles Symbol des westlichen Machtanspruches in Berlin. Nach dem Fall der Mauer 1989 blieb sie noch bis Februar 1992 in Betrieb. Bis zum heutigen Tage liegt die Field Station Berlin trotz neuer Eigentümer immer noch brach. Sprayer und Künstler haben sich an den Überresten der Gebäude verewigt.
Teufelsseechaussee 10, Grunewald

KREUZBERG

Prinzessinnengarten

Der Prinzessinnengarten wurde von Marco Claussen und Robert Shaw unter dem Motto „soziologisch, ökologisch, mobil" gegründet. Im Jahr 2009 verwandelten sie eine über 60 Jahre lang brachliegende Fläche direkt am Moritzplatz in einen urbanen Garten. Früher stand hier das bekannte Berliner Kaufhaus Wertheim. Auf etwa 600 Quadratmetern ist eine grüne Oase inmitten der Stadt entstanden. Ein kleines Café, welches eigenhändig angebaute und lokale Produkte verarbeitet, inmitten eines Bambusgartens lädt zum Verweilen ein. Eine weitere Besonderheit ist, dass der gesamte Garten mobil ist. Alle Pflanzen wachsen in Beuteln oder recycelten Kisten. Diese Idee kam den Betreibern ob der unsicheren Zukunft des Grundstückes. Die Prinzessinnengärten waren Vorreiter des Urban Gardening-Trends, der sich mittlerweile in vielen Metropolen ausgebreitet hat. Das Projekt ist auf Spenden angewiesen. Es können auch Patenschaften für einzelne Beete übernommen werden.
Moritzplatz, www.prinzessinnen-garten.net

St. Agnes

Die St. Agnes-Kirche wurde vom Architekten Werner Düttmann, zu dieser Zeit Senatsbaudirektor in Berlin, entworfen und zwischen 1964 und 1967 errichtet. Der Komplex besteht aus verschieden großen, horizontal orientierten Gebäudeteilen, die sich um einen Innenhof gruppieren. Im Gegensatz zu den übrigen Gebäuden strebt der freistehende Kirchturm in den Himmel. Nahezu die komplette Fassade ist mit Spritzputz überzogen. Die St. Agnes-Kirche fasziniert darüber hinaus vor allem im Innern, in dem Düttmann durch langgezogene Oberlichter eine sakrale Atmosphäre schaffte. St. Agnes wird jedoch nicht mehr als Kirche genutzt. Der Berliner Galerist Johann König hat den

ST. AGNES

Gebäudekomplex übernommen und das Kirchenschiff in eine Galerie mit einem beeindruckenden Ausstellungsraum verwandelt. In den übrigen Gebäuden wurden Wohnungen, Büros, weitere Galerien und ein Restaurant untergebracht. Es ist ein neues kreatives Zentrum entstanden, welches vor allem durch die brutalistische Architektur fasziniert.
Alexandrinenstraße 118–121,
www.st-agnes.net

Zentrum Kreuzberg
Die meisten Berliner kennen das Zentrum Kreuzberg vom Umsteigen von der U8 in die U1 am Kottbusser Tor. Das riesige Gebäude nimmt fast eine ganze Hälfte des Rondells ein und wird meist eher als ästhetisch missglückt empfunden. Ursprünglich wurde es von Wolfgang Jokisch und Johannes Uhl gebaut, um den dahinter liegenden Stadtteil vor einer Autobahn-tangente abzuschirmen. Diese wurde jedoch nie gebaut. Das Zentrum Kreuzberg war Teil des 1963 beschlossenen „ersten Stadterneuerungsprogramms" für West-Berlin. Bis 1974 entstanden so insgesamt fast 300 Wohn- und 70 Gewerbeeinheiten. In den letzten Jahren haben sich zwar viele Initiativen für die Verbesserung der Um-stände im Zentrum eingesetzt, trotzdem ist es noch immer ein sozialer Brennpunkt. Und ein bedeutender Baustein Berliner Stadtbaugeschichte.
Kottbusser Tor

MITTE

Haus Brunnenstraße 9
Das heutige Gebäude in der Nähe des Rosenthaler Platzes wurde 2009 über dem bereits gebauten Kellergeschoss eines nie fertiggestellten Gebäudes aus den 1990ern errichtet. Der Entwurf der Architekten Arno Brandlhuber + ERA, Emde und Schneider sah ein bewusst roh belassenes Haus vor,

HAUS BRUNNENSTRASSE 9

dessen Baukosten möglichst gering sind und welches immer wieder problemlos an die Bedürfnisse der Nutzer angepasst werden kann. So wird das Innere des Ge-bäudes vor allem von grobem Sichtbeton und den darüber verlegten Leitungsrohren dominiert. Die straßenseitige Fassade be-steht aus Polykarbonat-Platten, während die Rückseite durch eine skulpturale Außen-treppe geprägt wird. Im Haus befinden sich die Galerie KOW, das Büro der Zeitschrift 032c, das Büro und die Privatwohnung des Architekten Arno Brandlhuber. Das Haus ist eines der besten Beispiele dafür, wie man eine Baulücke in einer gewachsenen Umgebung mit moderner und innovativer Architektur schließen kann, ohne den historischen Kontext zu vergessen.
Brunnenstraße 9

L40
Das L40 ist ein Entwurf des Berliner Architekten Roger Bundschuh und der Künstlerin Cosima von Bonin. Das Gebäude befindet sich zwischen dem historischen Scheunenviertel und dem Alexanderplatz. Das Team wandte sich von dem in den 1990er Jahren vorherrschenden Diktum der „kritischen Rekonstruktion" ab. Der da-malige Senatsbaudirektor Hans Stimmann sah das zukünftige Gesicht der Stadt als

Variation der Gründerzeitstadt. Doch der skulpturale Bau des L40 aus schwarz eingefärbtem Beton hält sich weder an die typische Berliner Blockrandbebauung, noch imitiert er eine gründerzeitliche Fassade. Vielmehr schafft es das Gebäude, sich auf einem überaus schwierigen, dreieckigen Grundstück selbstbewusst zu behaupten. An der viel befahrenen Torstraße mag das Haus nicht dem Geschmack aller Berliner entsprechen, jedoch steht es für eine neue Haltung im Berliner Städtebau. Das Wohn- und Geschäftshaus wurde im Jahr 2010 fertiggestellt.
Linienstraße 40

Tschechische Botschaft

Die Tschechische Botschaft nahe des Brandenburger Tors ist eines der markantesten Gebäude von Mitte. Im Jahr 1978 als Botschaft der ČSSR fertiggestellt, wird das Bauwerk seit 1993 von der in dem Jahr gegründeten Tschechischen Republik genutzt. Die Fassade aus sich abwechselnden Naturstein- und Spiegelglasbändern ragt weit in den Straßenraum hinein. Das Bauwerk wurde von einem Architektenkollektiv um Vera Machoninová, Vladimir Machonin und Klaus Plätzmann auf einem damals brachliegenden Grundstück in der Nähe des Mauerstreifens geplant. So lässt sich auch erklären, dass das Gebäude keinerlei Bezüge zur umliegenden Bebauung hat. Das Haus schimmert dunkel und verbreitet eine bedrohliche Aura. Im Gegensatz dazu besticht das zum größten Teil im Original erhaltene Interieur, das ebenfalls von den Architekten entworfen wurde, mit den für die 1970er Jahre typischen knalligen Farben.
Wilhelmstraße 44

ZENTRUM KREUZBERG

FÜHRUNGEN VON INSIDERN

Endlich mal ein Angebot, das richtig Spaß macht und dennoch das kulturelle Gewissen befriedigt: Wenn die drei dynamischen Gründerinnen der *Niche Art & Architecture Tours* einem die Kunst und Architektur der Stadt zeigen, wird nicht doziert und kein trockener Text heruntergeleiert. Vielmehr geht es den jungen Kunsthistorikerinnen Stefanie Gerke und Nele Heinevetter sowie der Architektin und Denkmalpflegerin Katharina Beckmann darum, Interessierten durch persönliche Begegnungen mit Künstlern, Architekten und Kuratoren die Berliner Kunst- und Architektur-Szene näherzubringen. Es stehen Atelierbesuche an, unbekannte Gebäude und Orte werden mit spannenden Erzählungen zum Leben erweckt und ansonsten unbemerkte Details werden plötzlich sichtbar. Seit Mai 2009 bietet Niche maßgeschneiderte Touren an. Bei der Buchung gibt man seine Präferenzen und Vorkenntnisse an. Wollen die einen lieber die brutalistische Architektur der Stadt kennenlernen, interessieren sich die anderen eben mehr für die Street-Art-Szene oder Green-Architecture.
Tel.: 0176/81420005, contact@nicheberlin.de, www.nicheberlin.de

WEDDING

(Ex-)Rotaprint

Auch im Wedding findet man einzigartige Architektur. Nahe des Nauener Platzes, eine noch von Gentrifizierung verschonte Gegend, wurde die ehemalige Druckmaschinenfabrik Rotaprint in ein Zentrum für Kunst und Kultur umgewandelt. Fertiggestellt wurde der Großteil des Gebäude im Jahr 1956 nach den Plänen des damals erst 27-jährigen Architekten Klaus Kirsten. Von herausragender architektonischer Qualität ist vor allem der verschachtelte fünfgeschossige Büroturm. Dieser zeichnet sich durch die rohe Anmutung des unverputzten Betons aus. Er gilt deshalb auch als eines der besten Beispiele in Berlin für den in den 1950er Jahren verbreiteten Brutalismus. Der Komplex steht unter Denkmalschutz. Der Weg hierher lohnt sich nicht nur wegen des Gebäudes, sondern auch wegen der guten Kantine, in der man wochentags frühstücken und mittagessen kann.
Gottschedstraße 4,
www.exrotaprint.de

WESTEND

Internationales Congress Centrum Berlin (ICC)

Das ICC wirkt wie ein Raumschiff, das direkt neben der Autobahn gelandet ist. Nach rund 10-jähriger Bauzeit war der Entwurf der Architekten Ralf Schüler und Ursulina Schüler-Witte 1979 fertiggestellt worden. Das Gebäude ist 320 Meter lang und die Tragstruktur wurde nach außen gestellt. Das gesamte Bauwerk ist mit silbrig schimmernden Aluminiumplatten verkleidet. Im Inneren hat man das Gefühl, noch immer draußen zu sein: Die Gänge und Wege durchkreuzen das Gebäude wie Straßen. Die futuristische Anmutung setzt sich bis in die verschiedenen großen Konferenzsäle fort. Das Interieur ist zum Großteil noch original. Im Sommer 2014 hat das ICC seine Pforten geschlossen. Ob nun ein Shopping Center oder Hotel hineinkommt oder dieses wichtige Denkmal der Nachkriegsmoderne sogar abgerissen wird, ist noch nicht entschieden.
Messedamm, Neue Kantstraße

Laura Vahl

Landschaftsarchitektin

Welche Orte in Berlin inspirieren Sie für Ihre Arbeit?
Berlins Geschichte ist wechselhaft. Die Stadt musste sich immer wieder neu erfinden. An jeder Ecke kann man unregelmäßig Neues entdecken, Altbewährtes verschwindet. Die Stadt ist ständige Veränderung. Es sind diese Veränderungen und das Entdecken von Momenten der urbanen Entwicklung Berlins, die mich antreiben.

Was darf man als Berlinbesucherin nicht verpassen?
Frühstück auf der Terrasse der *Liebermann-Villa* am Wannsee. Shopping am Leopoldplatz in Wedding, Lunch am Hackeschen Markt/Scheunenviertel. Besuch des *Holocaust-Mahnmals*, weiter über den Potsdamer Platz zum *Tempelhofer Feld*. Weite genießen und durch den Schillerkiez Richtung Abendessen in der *Lavanderia Vecchia*. Wer dann noch kann, den schicke ich auf einen Absacker mit Mega-Berlin-Blick auf das Dach der Neukölln-Arkaden, wo sich die Bar *Klunkerkranich* befindet. Wer nicht so viel Zeit hat, sollte einfach mal über die Karl-Marx-Straße gehen. Ohne diese völlig laute, absurde und überbordende Straße wäre Berlin sicherlich keine echte Metropole.

Welche Architektur-Highlights hat Berlin zu bieten?
Das *Hansaviertel* und die *Karl-Marx-Allee*.

Ihre Imbiss- und Restaurant-Tipps?
Lieblingsfrühstück im *Bastard*, Lieblingslunch im *Santa Maria*, Lieblingskaffee bei *Katie's Blue Cat*, Lieblingsdinner bei den *Drei Schwestern* im Haus Bethanien und Lieblingsdrink im *Tier*.

Liebermann-Villa – Colomierstraße 3, Wannsee / *Holocaust-Mahnmal* – Cora-Berliner-Straße 1, Mitte / *Tempelhofer Feld* – Tempelhof / *Lavanderia Vecchia* – Flughafenstraße 46, Neukölln / *Klunkerkranich* – Karl-Marx-Straße 66, Neukölln / *Hansaviertel* – Altonaer Straße, Moabit / *Karl-Marx-Allee* – Mitte & Friedrichshain / *Bastard* – Reichenberger Straße 122, Kreuzberg / *Santa Maria* – Oranienstraße 170, Kreuzberg / *Katie's Blue Cat* – Friedelstraße 31, Neukölln / *Drei Schwestern* – Haus Bethanien, Mariannenplatz 2, Kreuzberg / *Tier* – Weserstraße 42, Neukölln

Theater & Festivals

UNKONVENTIONELLES, AVANTGARDE
UND GROSSES ENTERTAINMENT
SIND BEI UNZÄHLIGEN FESTIVALS
ZU ERLEBEN.

„*ICH GLAUBE AN* die Unsterblichkeit des Theaters. Es ist der seligste Schlupfwinkel für diejenigen, die ihre Kindheit heimlich in die Tasche gesteckt und sich damit auf und davon gemacht haben, um bis an ihr Lebensende weiterzuspielen", sagte einst Max Reinhardt, der Anfang des vergangenen Jahrhunderts Berlins berühmte *Volksbühne* am Rosa-Luxemburg-Platz leitete. Das Haus ist bis heute eines der renommiertesten Theater der Stadt, und unter Leitung von Frank Castorf sorgt es seit Anfang der 1990er Jahre mit seinen avantgardistischen Inszenierungen von Größen wie Christoph Schlingensief, Christoph Marthaler oder René Pollesch immer wieder für Furore.

Aufgrund der Teilung der Stadt gab es nach der Wende vieles doppelt. So fand man im Osten etwa die *Volksbühne am Rosa-Luxemburg-Platz* und die *Staatsoper Unter den Linden*, im Westen die heute geschlossene *Freie Volksbühne* und die *Deutsche Oper.* Zu den großen Bühnen zählt heute auch noch das *Deutsche Theater*, das nicht nur für seine Klassiker von Shakespeare und Tschechow bekannt ist, sondern auch für seine spannenden *Autorentheatertage*, ein Festival der zeitgenössischen Dramatik.

Nicht zu vergessen ist natürlich das *Theater am Schiffbauerdamm*, Spielstätte des Berliner Ensembles, wo unter der Intendanz von Claus Peymann Klassiker wie Brechts „Der aufhaltsame Aufstieg des Arturo Ui" und „Biedermann und die Brandstifter" von Max Frisch oder zeitgenössische Stücke von Elfriede Jelinek und Franz Xaver Kroetz aufgeführt werden.

Und immer einen Besuch wert ist die *Schaubühne* am Lehniner Platz. Wenn Berliner Lieblinge wie Lars Eidinger, Nina Hoss oder Katharina Schüttler hier auf der Bühne stehen, ist ein unvergesslicher Abend garantiert.

Im neuen Glanz erstrahlt das *Maxim-Gorki-Theater*, jetzt nur noch Gorki genannt, seitdem Shermin Langhoff 2013 die Leitung des traditionsreichen Hauses übernommen hat und sie damit auch die erste türkischstämmige Chefin eines deutschen Staatstheaters ist. Einen Namen hatte sich Langhoff zuvor schon mit spannendem, postmigrantischem Theater am kleinen *Ballhaus Naunynstraße* in Kreuzberg gemacht. Junge Nachwuchsregisseurinnen wie Nora Abdel-Maksoud mit „Scheppernde Antworten auf dröhnende Fragen" oder Marianna Salzmann mit „Beg Your Pardon" stellen hier ihr Können unter Beweis.

Und so sind es eben auch diese kleinen Ensembles in versteckten Hinterhöfen, die einem große Abende bescheren und die Theaterlandschaft Berlins genau wie die etablierten Häuser erheblich mitprägen. Seit 2009 provoziert und amüsiert etwa der *Heimathafen Neukölln* mit großartigem Volkstheater wie „Die Rixdorfer Perlen", ein Stück über die Gentrifizierung des einst so verruchten und heute hippen Bezirks Neukölln. Oder man kann hinter der unscheinbaren Fassade des ehemaligen Fernmeldeamts auf der Bühne des *Theaterdiscounters* neue Talente entdecken. Das von Regisseuren und Schauspielern ins Leben gerufene Theater bietet Experimentelles und immer wieder Überraschendes. Man weiß also nie, was einen erwartet. Seinen Höhepunkt erreicht das Berliner Theaterjahr im Mai mit dem *Theatertreffen*, eine der wichtigsten Festivals seiner Art in Deutschland. An fast 50 Aufführungsorten werden Stücke, Performances, Konzerte, Workshops und ausgewählte Gastspiele geboten.

Und so trifft die Aussage von Max Reinhardt auch heute noch auf die Hauptstadt zu. Das Theater in Berlin entwickelt sich immer weiter, findet neue Wege des Ausdrucks. Auf den Bühnen der Stadt wird Realität durch die Fiktion überhaupt erst erlebbar gemacht und erhält eine Anschaulichkeit, die die Schnelllebigkeit der Gegenwart oft verhindert. Berlin steht für Modernität, aber eben auch für eine brisante Geschichte. Und genauso wie auf den Bühnen dieser Stadt – ob als Tanztheater, Oper oder Konzert – das Jetzt gezeigt wird, so kommt man nicht umher, große Klassiker bestaunen zu können. Stücke oder Kompositionen, die uns in die Moderne geführt haben und gerade deshalb nach wie vor ihren festen Platz in unserer Kultur haben.

— MIRNA FUNK

Theater

Ballhaus Naunynstraße

2008 wurde das Ballhaus Naunynstraße von Shermin Langhoff und unter der Schirmherrschaft von Fatih Akin neu eröffnet. Künstler mit Migrationshintergrund zeigen hier ihre Lebenswelt in Stücken und Installationen.

Naunynstraße 27, Kreuzberg,
Tel.: 030/75453725,
www.ballhausnaunynstrasse.de

Berliner Ensemble

Das Theater im Herzen von Mitte wurde 1949 von Bertolt Brecht und Helene Weigel gegründet und steht heute unter der Leitung von Claus Peymann. Wer sich einen Urberliner Abend gönnen möchte, schaut sich dort ein Stück an.

Bertolt-Brecht-Platz 1, Mitte,
Tel.: 030/28408155,
www.berliner-ensemble.de

Deutsches Theater

Direkt neben den Kammerspielen befindet sich das Deutsche Theater. Ein Urgestein der Theaterwelt. Wer am liebsten Klassiker von Max Frisch bis Sartre schaut, ist hier genau richtig.

Schumannstraße 13a, Mitte,
Tel.: 030/284410,
www.deutschestheater.de

Haus der Berliner Festspiele

Das Haus der Berliner Festspiele realisiert in Wilmersdorf eine Vielzahl kluger Festivals und exzellenter Ausstellungsprojekte. Im Zentrum der Arbeit steht das Werk zeitgenössischer und internationaler Künstler. Dabei umfasst das Programm Tanz, Musik, Kunst und Bühne.

Schaperstraße 24, Charlottenburg,
Tel.: 030/254890,
www.berlinerfestspiele.de

Hebbel am Ufer

Hau 1, 2 oder 3? Mit seinen drei Spielstätten steht das Hebbel am Ufer für aktuelle künstlerische Positionen an der Schnittstelle von Theater, Tanz und Performance. Darüber hinaus sind Musik, bildende Kunst und Debatten fester Bestandteil des Programms.

Stresemannstraße 29, Kreuzberg,
Tel.: 030/2590040,
www.hebbel-am-ufer.de

Heimathafen Neukölln

Das Williamsburg von Berlin: Neukölln. Der Stadtbezirk, der noch vor fünf Jahren völliges Desinteresse auslöste, steht jetzt im Zentrum der Aufmerksamkeit. Das Mekka der Hipster hat selbstverständlich eine eigene kulturelle Begegnungsstätte. Der Heimathafen wurde 2009 gegründet und agiert ganz im Zeichen eines Volkstheaters.

Karl-Marx-Straße 141, Neukölln,
Tel.: 030/56821333,
www.heimathafen-neukoelln.de

Maxim Gorki Theater

Friedrich Schinkel entwarf das Maxim
Gorki Theater 1827 als ersten öffentlichen
Konzertsaal der Residenzstadt. Seither hat
es etliche Veränderungen erfahren und
lädt heute unter der Leitung von Shermin
Langhoff zu unvergesslichen Abenden.
Am Festungsgraben 2, Mitte,
Tel.: 030/20221115, www.gorki.de

Schaubühne am Lehniner Platz

Das vermutlich innovativste und modernste
Theater der Stadt. Hier werden aktuelle
Independent-Hits in klassische Stücke
eingebaut, und eine Inszenierung dauert
hier auch mal 240 Stunden.
Kurfürstendamm 153, Charlottenburg,
Tel.: 030/890020, www.schaubuehne.de

Theaterdiscounter

Der Theaterdiscounter dient als Sprung-
brett für Regieabsolventen und erfahrene
Theatermenschen. Seit zehn Jahren in Mitte
zu Hause und einen Besuch wert.
Klosterstraße 44, Mitte, Tel.: 030/
28093062, www.theaterdiscounter.de

Volksbühne am Rosa-Luxemburg-Platz

Das Volkstheater von Mitte. Hier mag es
für den einen oder anderen teilweise etwas
klamaukig zugehen. Trotzdem sollte man
sich eine der Inszenierungen, die oft den
Rahmen von zwei oder sogar drei Stunden
sprengen, nicht entgehen lassen.
Linienstraße 227, Mitte,
Tel.: 030/240 65 777,
www.volksbuehne-berlin.de

Oper

Deutsche Oper

Das Haus an der Bismarckstraße ist Berlins
größtes Musiktheater und zählt zu einem
der modernsten Europas. Von Anfang an
sollten vor allem großformatige Opern des
19. und frühen 20. Jahrhunderts gezeigt
werden. Wer sich also auf Wagner, Verdi,
Puccini oder Strauss einlassen möchte,
ist dort richtig.
Bismarckstraße 35, Charlottenburg,
Tel.: 030/34384343,
www.deutscheoperberlin.de

Anika Decker

Drehbuchautorin

Ein perfekter Tag in Berlin. Wie sieht der aus?
Gemütlich frühstücken im *Zeit für Brot*. Die Auslage und die
duftenden frischen Brote sind ein Traum, dann shoppen in Mitte,
am liebsten in den kleinen Designerläden in der Mulackstraße, und
zu *Orlando*. Hier gibt es eine tolle Auswahl an Schuhen, Taschen
und kleinen Modelabels. Danach auf einen entspannten Kaffee im
Soho House, Füße hochlegen, vielleicht bei einer Pediküre unten
im *Cowshed Spa*.

Ihre persönlichen Hotspots für Mode?
Mein absoluter Lieblingsladen ist *Isobel Gowdie*. Man muss vorne
klingeln und gelangt dann über einen Hinterhof in den Laden. Hier
gibt es einen Mix aus Vintage-Mode und neuen Sachen von etwa
Isabel Marant. Ein echter Geheimtipp. Viele tolle Stücke habe ich
auch von *C'Est tout* und mein Favorit für Schmuck ist *Akkesoir*.

Wo kann man am besten essen und trinken?
Wunderschön, sehr gemütlich und durcheinandergewürfelt marok-
kanisch eingerichtet ist das *Katz Orange*. Der Schweinebraten ist
legendär. Leider kann ich den nicht mehr essen, seit ich Vegetarierin
bin. Mein zweites Stammrestaurant ist das *3 Minutes sur Mer*, der
bistroartige Ableger des *Bandol*. Das Essen und der Service sind
fantastisch. Man trifft die übliche Mitte-Kreativszene. Natürlich
liebe ich auch den Klassiker *Grill Royal*. Hier gehe ich am liebsten
mit Freunden zum Feiern und lecker essen. Im Raucherraum mischt
sich die abendliche Besetzung zumeist zu lustig angeheiterten
Gesprächen. Wer hier noch nicht gewesen ist, verpasst was – zum
Beispiel George Clooney und Matt Damon beim Steak-Essen.

Ihre liebsten Kinos in der Stadt?
Eindeutig das *Cinestar Original Kino* am Potsdamer Platz. Hier
finden auch alle große Filmpremieren statt.

Zeit für Brot – Alte Schönhauser Straße 4, Mitte / *Orlando* – Münzstraße 2, Mitte /
Cowshed Spa im Soho House – Torstraße 1, Mitte / *Isobel Gowdie* – Hinterhof,
Alte Schönhauser Straße 39, Mitte / *C'Est tout* – Linienstraße 65a, Mitte / *Akkesoir* –
Atelier, Joachimstraße 8, Mitte / *Katz Orange* – Bergstraße 22, Mitte / *3 Minutes sur
Mer & Bandol sur Mer* – Torstraße 167, Mitte / *Grill Royal* – Friedrichstraße 105b,
Mitte / *Cinestar im Sony Center* – Potsdamer Platz, Tiergarten

Komische Oper

Das Opernhaus ist für seine ungewöhnliche Vielseitigkeit sowie für das feste Ensemble aus Sänger-Darstellern bekannt. Kosky, der seit 2012 die künstlerische Leitung innehat, nimmt insbesondere Bezug auf die stark von jüdischen Künstlern geprägte Vorkriegstradition des Hauses.
Behrenstraße 55-57, Mitte,
Tel.: 030/47997400,
www.komische-oper-berlin.de

Neuköllner Oper

In einem alten Ballsaal im tiefsten Neukölln kann man seit 25 Jahren Opernluft schnuppern, ohne ein großer Opernkenner sein zu müssen. Eine Volksoper, in der es neben klassischen Aufführungen auch Musicals und Operetten gibt.
Karl-Marx-Straße 131-133,
Neukölln, Tel.: 030/6889070,
www.neukoellneroper.de

Staatsoper im Schillertheater

Seit vier Jahren nun schon ist die Staatsoper im Exil im Schillertheater. Das ursprüngliche Gebäude soll voraussichtlich erst im Herbst 2017 wiedereröffnen. In Berlin muss man sich immer auf eine Verzögerung einstellen. Dennoch bietet das Schillertheater die richtigen Räumlichkeiten für die seit 270 Jahren existierende Staatsoper.
Bismarckstraße 110, Charlottenburg,
Tel.: 030/20354555,
www.staatsoper-berlin.de

Tanz

Sophiensaele

Die Sophiensaele wurden 1996 von Sasha Waltz und Jochen Sandig gemeinsam mit Jo Fabian und Dirk Cieslak in den Räumen eines ehemaligen Handwerkervereins gegründet. Heute stehen die Räumlichkeiten für Theater, Tanz, Performance, Musik und bildende Kunst zur Verfügung.
Sophienstraße 18, Mitte, Tel.: 030/
2835266, www.sophiensaele.com

Uferstudios

2010 eröffnete in den Werkstätten der Berliner Verkehrsbetriebe direkt am Ufer der Panke ein neues Domizil für Choreografen, Tänzer und andere Künstler. Wer sich für zeitgenössischen Tanz interessiert, sollte die Uferstudios unbedingt besuchen. Finden wird er dort nämlich öffentliche Proben, Workshops und Aufführungen rund um das Thema.
Uferstraße 8/23, Wedding, Tel.: 030/
46060887, www.uferstudios.com

Musik

Berliner Philharmonie

In dem architektonisch außergewöhnlichen Konzerthaus spielen große Orchester und Solisten und verzaubern das Publikum. Seit 50 Jahren ist die Philharmonie mittlerweile das musikalische Herz der Stadt und deshalb auch ein Must-go.

Herbert-von-Karajan-Straße 1, Tiergarten, Tel.: 030/254880, www.berliner-philharmoniker.de

TIPP: PIANO SALON CHRISTOPHORI

In der Klavierwerkstatt sitzt man zwischen alten Pianos, Tastaturen und Flügeln und lauscht fantastischen Konzerten. Ein echtes Erlebnis. Platzreservierung über die Website.

Uferstraße 8, Wedding, Tel.: 0176/39007753, www.konzertfluegel.com

Radialsystem

Zentrales Thema des Hauses ist Offenheit: für neue Formen, ungewöhnliche Ideen, unerwartete Fusionen und überraschende Einblicke. Das Radialsystem ist ein Experimentierfeld für eine Vielzahl unterschiedlicher Nutzer.

Holzmarktstraße 33, Friedrichshain, Tel.: 030/288788588, www.radialsystem.de

Festivals

Theatertreffen

Jedes Jahr im Mai treffen sich die wichtigsten Vertreter der deutschen Theaterszene in Berlin.

www.berlinerfestspiele.de

Festival 100° Berlin

Mit über einhundert Vorstellungen aus Theater, Tanz und Performance lädt das Festival an drei Orten in der Stadt Begeisterte ein, sich inspirieren zu lassen.

www.hebbel-am-ufer.de

Berlin tanzt

Großes Tanzfestival im August. Mit über 22 großen und kleinen Bühnen und 1200 Tanzveranstaltungen.

www.tanzraumberlin.de

Berlin Festival

Drei Tage im September stehen ganz im Zeichen moderner Musik. Seit 2014 findet das Festival im Arena Park gleich beim Club der Visionäre statt.

www.berlinfestival.de

Fête de la Musique

Jedes Jahr zum Sommeranfang verwandelt sich ganz Berlin in ein Festival internationaler Musik.

www.fetedelamusique.de

Internationales Literaturfestival Berlin

Hier kann man Lesungen von Autoren aus aller Welt lauschen. Das Festival findet jedes Jahr im September statt.

www.literaturfestival.com

SOPHIENSAELE

Jella Haase

—

S c h a u s p i e l e r i n

—

Wo tanzen und feiern Sie am liebsten?

Im Frühling, Sommer und Herbst gehe ich am liebsten auf Open Airs. Über die ganze Stadt verteilt, sprießen sie am Wasser oder auf Brachflächen aus dem Boden. Zum Vorglühen oder bei schlechtem Wetter ist die *Velvet Bar* in Neukölln mein kleiner Geheimtipp.

Berlin ist …

… sexy und verlaust. Ein bisschen wie ein kleines Geschwisterkind, manchmal kann es ganz schön nervig sein, aber im Grunde ist man für immer aneinander gebunden. Ich glaube aber auch, dass Berlin aufpassen muss, nicht seine Freiheit und Kreativität zu verspielen. In den letzten Jahren hat sich die Stadt ganz schön gewandelt, nicht immer zum Positiven.

Der coolste Kiez bzw. Bezirk der Stadt? Warum?

Es gibt viele schöne Kieze in den unterschiedlichen Bezirken, das muss jeder für sich selbst rausfinden. Ob Weißensee, Mitte, Wedding oder Schöneberg – hier zum Beispiel der Akazienkiez – überall gibt es nette Ecken mit ganz eigenem Charme. Mein Lieblingsbezirk ist und bleibt aber Kreuzberg, weil ich dort geboren und aufgewachsen bin. Dort ist es bunt und lebendig und ein bisschen schmutzig.

Was darf man in Berlin auf keinen Fall verpassen?

Berlin im Sommer an der Spree und in den Parks und auf dem Fahrrad durch die Straßen der Stadt cruisen.

Velvet Bar – Ganghoferstraße 1, Neukölln

DIE BERLINALE

Die *Berlinale*, die jedes Jahr im Februar Film-fans und Stars in die deutsche Hauptstadt lockt, ist ein glamouröser Lichtblick im ansonsten viel zu langen Winter. Internationale Filmstars und Regisseure schwirren durch die Stadt, der Taxifahrer erzählt stolz von seiner nächtlichen Fahrt mit Prominenz, Hollywoodstars geben Trinkgelder in Höhe von (Berliner) Monatsmieten, und wenn es der Zufall will, sieht man George Clooney, Scarlett Johansson,

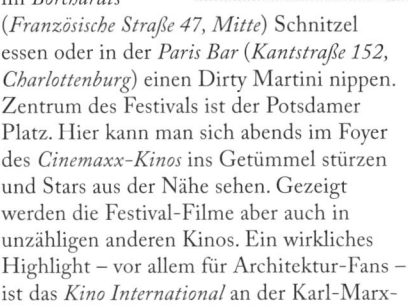

Brad Pitt und Angelina Jolie im *Grill Royal* (*Fried-richstraße 105b*) Austern schlürfen, im *Borchardts* (*Französische Straße 47, Mitte*) Schnitzel essen oder in der *Paris Bar* (*Kantstraße 152, Charlottenburg*) einen Dirty Martini nippen. Zentrum des Festivals ist der Potsdamer Platz. Hier kann man sich abends im Foyer des *Cinemaxx-Kinos* ins Getümmel stürzen und Stars aus der Nähe sehen. Gezeigt werden die Festival-Filme aber auch in unzähligen anderen Kinos. Ein wirkliches Highlight – vor allem für Architektur-Fans – ist das *Kino International* an der Karl-Marx-Allee in Mitte, die damals erste Adresse des DDR-Kinos. Mit seinem eleganten Foyer, einer gediegenen Bar mit Ausblick auf die Straße und einer wunderbar großen Leinwand gehört es nach wie vor zu den beliebtesten Kinos Berlins. Wie in alten Zeiten verkündet noch heute ein riesiges handgemaltes Plakat an der Fassade den aktuellen Film. Das Pendant im

Westen ist der *Zoo Palast* (*Hardenbergstraße 29a, Charlottenburg*), der bis 1999 Haupt-austragungsort der Berlinale war. Seit An-fang 2014 erstrahlt er wieder in neuem Glanz. Weitere traditionsreiche Filmkunst-kinos, die bei der Berlinale dabei sind, sind das *Filmtheater am Friedrichshain* (*Bötzow-straße 1-5, Prenzlauer Berg*) und der *Delphi Filmpalast* (*Kantstraße 12a, Charlottenburg*).

Kartenkauf und Teilnahme an der Berlinale werden ernst genommen, die Online-Tickets (*www.berlinale.de*) sind schnell ausverkauft, die Schlangen  am Ticketcounter in den Potsdamer Platz Arkaden lang. Für ein spontanes Berlinale-Ticket empfiehlt es sich, am Spieltag direkt an die Kasse des jeweiligen Kinos zu gehen, dort sind meist noch Restkarten erhältlich. Kleinere Filmwochen mit unterschiedlichen Schwerpunkten kann man das ganze Jahr in Berlin finden. Das „Achtung Berlin" Festival im April (*www.achtungberlin.de*) legt seinen Schwerpunkt auf neue Filme aus Berlin und Brandenburg. Ende November zeigt das „Around the World in 14 Films" Festival (*www.14films.de*) vierzehn ausgesuchte Filme des jungen World Cinemas. Die *Französische Film-woche* im Dezember (*www.franzoesische-filmwoche.de*) bringt dann frankophonen Flair in sechs Berliner Kinos. Und im Sommer werden an idyllisch gelegenen Orten in vielen Stadtteilen Freilichtkinos aufgebaut (*www.berlin.de/kultur-und-tickets/tipps/film/freiluftkinos/*).

— VERA HERCHENBACH

Shermin Langhoff
—
T h e a t e r i n t e n d a n t i n
—

Ist Berlin eine spannende Theaterstadt?

In Berlin gibt es eine unglaubliche Bandbreite von Off-Theater bis Oper. Der allerspannendste Ort ist selbstverständlich unser Theater: Das *Gorki!* Jedenfalls wenn man Geschichten von und über Frauen sehen will. Etwa die Arbeiten der Regisseurin Yael Ronen, die historische Konflikte mit ihrem entwaffnenden Humor zu großartigen Theaterabenden verarbeitet. Oder „Es sagt mir nichts, das sogenannte Draußen", geschrieben von Sibylle Berg, in der Inszenierung von Sebastian Nübling. Ein Stück über vier junge Frauen, die mit ihrer Energie jedes Publikum umhauen. Und „Schwimmen lernen", ein Stück von Marianna Salzmann, unserer Hausautorin, über die Liebe.

Ihre persönlichen Highlights für Kunst, Kultur und Musik?

In Sachen Musik und Oper kann ich die *Komische Oper* unter Barrie Kosky nur empfehlen. Seitdem er da ist, hat sein internationales Haus den Anschluss an die Interkulturalität dieser Stadt gefunden. Beim Off-Theater ist mein Highlight nach wie vor das *Ballhaus Naunynstraße*, denn hier sieht man die Perspektiven der „Anderen", und auch der Jungen, die gefördert werden. Zum Beispiel die Arbeiten von Nachwuchsregisseurinnen wie Nora Abdel-Maksoud im Projekt „Scheppernde Antworten auf dröhnende Fragen". Ergänzend dazu die *Werkstatt der Kulturen* mit Musik, Film und Diskurs, geleitet von Philippa Ebéné. Nicht wegzudenken ist der Tanz in Berlin. Neben den wichtigen Choreografinnen der Stadt wie Sasha Walz und Constanza Macras und Festivals wie „Tanz im August" sind für mich die *Uferstudios* ein neuer aufregender Ort. Sie sind ein einzigartiges kreatives Areal für Tänzer und Choreografen. Mit Ateliers, Studios, einem spannenden Programm und den engagierten Leiterinnen Barbara Friedrich und Conny Breitkreutz.

Was muss man in Berlin sonst noch gesehen und erlebt haben?

Die Aufzählung mit all den Klassikern, unter denen das *Pergamon-*

museum mein Favorit ist, würde allein Stunden dauern. Allerdings ist Berlin nicht nur Stadt der Museen und der Theater, sondern auch schon immer Filmstadt. Die Berlinale muss man mal mitgemacht haben. Darüber hinaus gibt es wahnsinnig schöne alte Kinos. Ich habe zwei Lieblingskinos. Eines ist das *International*, ein denkmalgeschützter Bau der DDR-Moderne aus den 60er Jahren mit einer ganz besonderen Atmosphäre, und das andere das kleine Arthouse *Kino Eiszeit*.

Maxim Gorki Theater – Am Festungsgraben 2, Mitte / *Komische Oper* – Behrenstraße 55-57, Mitte / *Ballhaus Naunynstraße* – Naunynstraße 27, Kreuzberg / *Werkstatt der Kulturen* – Wissmannstraße 32, Neukölln / *Uferstudios* – Uferstraße 8/23, Wedding / *Pergamonmuseum* – Museumsinsel, Bodestraße 1-3, Mitte / *Kino International* – Karl-Marx-Allee 33, Mitte / *Eiszeit Kino* – Zeughofstraße 20, Kreuzberg

Beauty & Entspannung

WAS KÖRPER UND SEELE
SICH WÜNSCHEN, BERLIN KANN
ES BIETEN. VOM DAY SPA BIS HIN
ZUM PILATES-STUDIO.

DIESE ELEKTRISIERENDE, SCHNELLE und vor allem lebendige Stadt schenkt einem viel, fordert aber ebenso ein. Wenn die Energie sinkt und die Kräfte schwinden, dann muss man anhalten, ausatmen und aufhören zu suchen. Denn das will Berlin: dass man sucht. Und zwar nach sich selbst. Wer sich am Ende wirklich finden möchte, geht weniger raus, dafür mehr rein, zum Yoga zum Beispiel oder zur Meditation oder man lässt sich in einem Beauty-Tempel verwöhnen.

Seit einigen Jahren gibt es dafür auch in Berlin das perfekte Programm, das mit jeder Metropole der Welt mithalten kann. Egal ob man sich in kleinen Massage-Studios wie dem *Orchid Massage* in Prenzlauer Berg durchkneten, sich in dem boudoirartigen *Tiger Lily Waxing* verschönern lassen will oder das luxuriöse Ambiente eines Spas wie des *Susanne Kaufmann Boutique Spa* im Stue Hotel oder des *Cowshed Spa* im Soho House sucht: In Berlin gibt es für jeden Geschmack und Geldbeutel das Richtige.

Hier macht sich der internationale Einfluss auf die Stadt bemerkbar. In Mitte versorgt die australische Beauty-Firma *Aesop* die Kundinnen mit den derzeit angesagten Pflegeprodukten. In Kreuzberg lockt das *Hamam in der Schokoladenfabrik*, in dem man sich wie in einem Entspannungstempel des Orients fühlt. Manche Schönheitsutensilien kommen sogar aus der Hauptstadt selbst. So bietet die Berliner Marke *Uslu Airlines* etwa die heißesten Nagellackfarben der Saison. Und immer mehr Concept Stores für Beauty-Produkte versorgen die Berlinerinnen mit ihren Lieblingen. Bei *Wheadon* etwa findet man eine große Auswahl an Natur- und veganer Kosmetik. Ein geniales Sortiment bieten auch Make-up-Artistin Miriam Jacks in ihrem *Jacks Beauty Department* und Melanie dal Canton, Managerin von *Andreas Murkudis Concept Store*, in ihrem schönen Laden *MDC Cosmetic* in Prenzlauer Berg an.

Also ganz egal, was der Körper sich wünscht, die Stadt ist voller Gelegenheiten und Möglichkeiten. Sie schenkt ihren Besucherinnen viel Aufregung, aber auch die Ruhe, die sie benötigen. Yin-Yang-mäßig eben, weil wir ohne die eine Seite die andere vermissen würden.

— MIRNA FUNK

CHARLOTTENBURG / WILMERSDORF

Aveda

Allround-Wohlfühlprogramm vom Haarschnitt über Haarfarbe bis hin zu Spa Treatments.
Kurfürstendamm 26a, Tel.:030/88708790, www.aveda.de, Öffnungszeiten: Mo-Fr 9-20 Uhr, Sa 9-18 Uhr

Belle Rebelle

Im Herzen von Charlottenburg lassen sich herrlich luxuriöse Produkte finden.
Bleibtreustraße 42, Tel.: 030/679672050, bellerebelle.de, Öffnungszeiten: Mo-Sa 10-19 Uhr

Shan Rahimkhan

Der Edel-Friseur ist nicht ohne Grund in aller Munde, gehört er doch zu den besten der Stadt.
Kurfürstendamm 195/196, Tel.: 030/88717900, www.shanrahimkhan.de, Öffnungszeiten: Mo-Sa 10-20 Uhr

Spirit Spa

Dampfbad, Trockensauna, Fußbecken, ein großzügiger Ruheraum mit eigener Bibliothek sowie zwei schöne Behandlungsräume – Entspannung pur.
Goethestraße. 2-3, Tel.: 030/27908505, www.spiritspa.de, Öffnungszeiten: Mo-Sa 10-20 Uhr

Tiger Lily Waxing Experts

Hat man das edle Waxing Studio schon einmal besucht, dann weiß man, dass das Ergebnis am Ende immer sexy ist.
Kantstraße 108, Tel.: 030/60948590, www.tigerlily-waxing.de, Öffnungszeiten: Mo-Fr 9-20 Uhr, Sa 9-18 Uhr

Nike

Im Nike Berlin Store kann man nicht nur sein Sportoutfit aufbessern, sondern sich für tolle Sessions anmelden. Ob Yoga, NTC oder Running – der Nike Shop bietet für jeden, der sich so richtig auspowern möchte, das richtige Angebot.
Tauentzienstraße 9-12, Tel.: 030/263982025, www.nike.com, Öffnungszeiten: Mo-Sa 10-20 Uhr

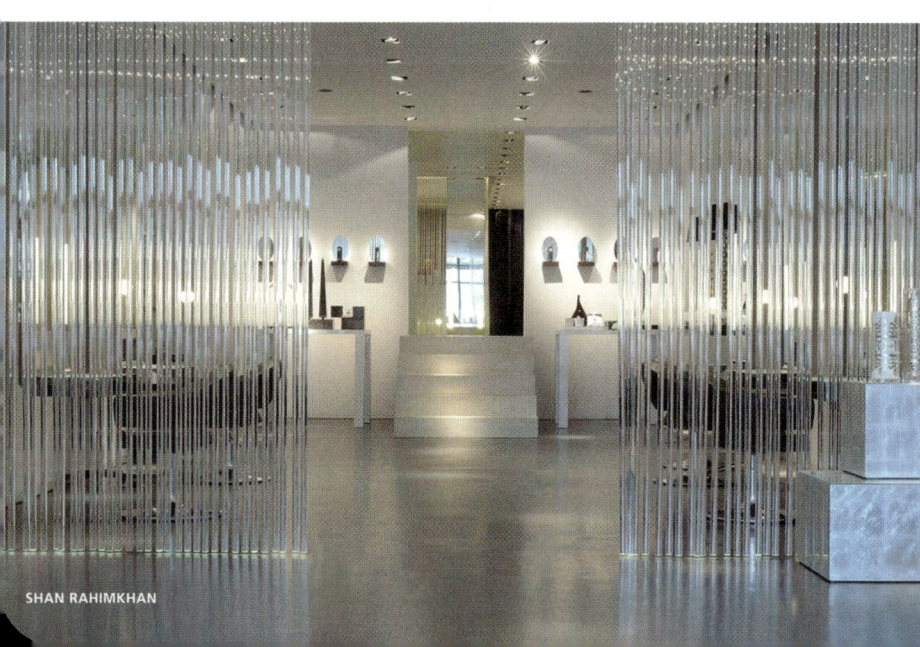

SHAN RAHIMKHAN

TIGER LILY

MITTE

Aesop

Aesop aus Australien zählt aktuell wohl zu den beliebtesten Beauty-Marken der Welt. Es werden ausschließlich pflanzliche Zutaten verwendet. Der wunderschön gestaltete Store lädt zum Ausprobieren und Kaufen ein.

Alte Schönhauser Straße 48, www.aesop.com, Öffnungszeiten: Mo-Fr 10-20 Uhr

Breathe Fresh Cosmetics

Wer auf außergewöhnliche Düfte und Produkte aus ist, sollte sich den kleinen aber feinen Shop nicht entgehen lassen. Marken wie Rahua, Kiki Smith, Laboratorio Olfattivo oder Escentric Molecules kann man hier ergattern.

Rosa-Luxemburg-Straße 28, Tel.: 030/ 24342577, www.breathe-cosmetics.com, Öffnungszeiten: Mo-Fr 12-20 Uhr, Sa 12-19 Uhr

Cowshed Spa

Im Soho House Berlin befindet sich das Cowshed Spa. Dort werden neben Gesichts- und Körperbehandlungen auch Maniküren und Pediküren angeboten.

Torstraße 1, Tel.: 030/405044130, www.sohohouseberlin.de, Öffnungszeiten: Mo-Fr 9-22 Uhr, Sa & So 10-22 Uhr

Spirit Yoga

Direkt am Hackeschen Markt liegt das Yogastudio für alle, die es ein bisschen fancy mögen. Da macht man den Sonnengruß neben Heike Makatsch und schaut über die Dächer Berlins.

Rosenthaler Straße 36, Tel.: 030/ 27908503, www.spirityoga.de, Öffnungszeiten: Mo-Fr 9-22 Uhr, Sa-So 10-20 Uhr

Viktor Leske

Der Friseurladen des talentierten Franzosen zählt zu den top Spots von Mitte. Wer ohne Lifting fünf Jahre jünger aussehen möchte, begibt sich in die Hände des Meisters.

Joachimstraße 8, Tel.: 030/27908487, www.viktorleske.net, Öffnungszeiten: Di-Fr 11-20 Uhr, Sa 10-18 Uhr

Wheadon

Der Beauty-Store und Barber-Shop führt ein ausgewähltes Sortiment mit anspruchsvollen Kosmetika. Die Treatments reichen von normalen Gesichtsbehandlungen bis hin zum absolut empfehlenswerten Jet Peel.

Steinstraße 17, Tel.: 0176/36144509, www.wheadon.de, Öffnungszeiten: Mo-Sa 12-19 Uhr

Robert Stranz

Wer zu Robert will, muss ein bisschen Wartezeit einplanen, denn hier lässt sich jeder die Haare schneiden, der etwas von sich hält. Der angesagte Friseur liefert mit seinem minimalistischen Ambiente genau das, was man als Berliner möchte: Coolness und Können. Es gibt niemanden, der besser schneidet als Robert.

Almstadtstraße 48, Tel.: 030/24628200, www.robertstranz.com, Öffnungszeiten: Di-Sa 10-20 Uhr

Mandie Bienek

—

Chefin der PR-Agentur Press Factory

—

Die besten Beauty-Adressen der Stadt?

Dazu gehört auf jeden Fall *Wheadon*. Unbedingt den Post Berghain Treat buchen. Der Friseur *Schura* ist ein Refugium der Ruhe. Die Inhaberin Diane Schura vollbringt echte Haarwunder. Wer Aveda mag, ist hier genau richtig. Der *Yi-Spa* ist mein Tempel. Hier gehe ich gerne hin, wenn ich eine Auszeit brauche. Neben der Lomi Lomi zählt die Hot Stone Massage zu meinen Favoriten. Und wenn es was Ernsthafteres ist, ist das *Dermatologikum* die richtige Adresse.

Berlins modische Highlights?

Neben den Klassikern wie *Mongrels in Common* oder *C'est tout* lohnt sich auf jeden Fall ein Besuch bei dem Design-Duo *Umasan*, dem weltweit ersten veganen High Fashion Label. Meine Lieblingsläden sind *Ofelia*, *Rebecca* und *Orlando*. Dort gehe ich eigentlich nie ohne eine Tüte raus. *Blush* gehört zu den schönsten Wäscheläden der Welt. Die Designerin Claudia Kleinert bietet ein wunderschönes Sortiment an. Auch wenn er nicht in den typischen Einkaufsstraßen liegt, lohnt es sich vorbeizuschauen. Ein Muss für Schmuck ist *Sabrina Dehoff*.

Wie sieht ein Abend in Berlin nach Ihrem Geschmack aus?

Dinner mit Freunden, privat oder im Restaurant zum Beispiel in der *Long March Canteen*, danach ein Abstecher in die Bar *Fuchsbau* oder etwas weiter in das *Tier* in Neukölln.

Wheadon – Steinstraße 17, Mitte / *Schura Beautéculture* – Giesebrechtstraße 17, Charlottenburg / *Yi-Spa* – Monbijouplatz 3a, Mitte / *Dermatologikum* – Friedrichstraße 89, Mitte / *Mongrels in Common* – Tieckstraße 29, Mitte / *C'est tout* – Mulackstraße 26, Mitte / *Umasan* – Linienstraße 40, Mitte / *Ofelia* – Sredzkistraße 42, Prenzlauer Berg / *Rebecca* – Alte Schönhauser Straße 41, Mitte / *Orlando* – Münzstraße 2, Mitte / *Blush* – Rosa-Luxemburg-Straße 22, Mitte / *Sabrina Dehoff* – Torstraße 175, Mitte / *Long March Canteen* – Wrangelstraße 20, Kreuzberg / *Fuchsbau* – Planufer 95, Kreuzberg / *Tier* – Weserstraße 42, Neukölln

MOABIT

Vabali Spa

In der ansonsten eher kargen Umgebung des Berliner Hauptbahnhofs hätte man diese traumhafte Spa-Anlage mit Pool und asiatisch angehauchtem Interieur nicht erwartet. Perfekt zum Auftanken und Wohlfühlen.

Seydlitzstraße 6, Tel.: 030/9114860, www.vabali.de, Öffnungszeiten: tägl. 10-24 Uhr

PRENZLAUER BERG

TIPP: JACKS BEAUTY DEPARTMENT

Miriam Jacks, Inhaberin des Beauty-Shops, ist ein Workaholic: Sie arbeitet als Make-up-Artist und Moderatorin und entwirft ihre eigenen Pinsel.

Kastanienallee 19, Tel.: 030/4426906, www.jacks-beautydepartment.com, Öffnungszeiten: Mo-Fr 10-20 Uhr, Sa 11-18 Uhr

Niche parfum & showroom

Das Mekka für alle Parfum-Fans und Liebhaber von Premiumlabels. Führt spannende Artistic Parfumes wie zum Beispiel Six Scents, L'Artisan Parfumeur und Eight & Bob.

Rykestraße 16, Tel.: 030/91453351, www.niche-parfum.de, Öffnungszeiten: Di–Fr 10-19 Uhr, Sa 10-18 Uhr

Ayurveda Wellnesszentrum

Für das Ayurveda-Zentrum sollte man sich am besten einen ganzen Tag Zeit nehmen und eine der Kombi-Behandlungen wählen. Neben den verschiedenen Massagen werden auch Ernährungsberatung und das klassische ayurvedische Dampfbad angeboten. Ein Ort der Ruhe.

Rykestraße 3, Tel.: 030/48495780, www.ayurveda-wellnesszentrum.de, Öffnungszeiten: Mo-Sa 10.30-20 Uhr

KREUZBERG

Breathe Pilates

Pilates-Trainerin Ulli Zacherl bietet Professionalität, hochwertiges Equipment und kleine Gruppen.

Cuvrystraße 35, Tel.: 0177/6239379, www.breathe-berlin.de

Liquidrom

Neben seinen drei verschiedenen Becken bietet das Liquidrom auch Behandlungen und Massagen. Wer sich verwöhnen will, nimmt sich mindestens einen halben Tag Zeit und entkommt hier dem Stadtlärm.

Möckernstraße 10, Tel.: 030/258007820, www.liquidrom-berlin.de, Öffnungszeiten: Mo–So 10–24 Uhr

Hamam in der Schokoladenfabrik

Das Türkische Bad für Frauen eröffnete im Jahre 1988 als erstes Hamam Deutschlands. Am besten besucht man das Hamam mit mehreren Freundinnen und genießt das orientalische Flair.

Mariannenstraße 6, HH, Tel.: 030/ 6151464, www.hamamberlin.de, Öffnungszeiten: Mo 15–23 Uhr, Di–So 12–23 Uhr

TIERGARTEN

Stue Spa

Wer sich in grüner Abgeschiedenheit einen Tag vom Stress der Großstadt erholen will, ist im Spa des Stue Hotels genau richtig. Hier gibt es auch die tollen Produkte von Susanne Kaufmann.

Drakestraße 1, Tel.: 030/311722160, www.das-stue.com, Öffnungszeiten: Mo–Do 10–21 Uhr, Fr–So 10–20 Uhr

Joggen

Friedrichshain

Der Volkspark Friedrichshain ist der ideale Stadtpark für ein ausgedehntes Sportprogramm. Wer sich richtig auspowern will, erklimmt den Berg in der Mitte des Parks. Erholung findet man danach im Café Schönbrunn.

Am Friedrichshain 1, Prenzlauer Berg

Grunewald

Der 900 Hektar große Wald liegt im Westen Berlins. Neben dem dichten Mischwald bietet er auch noch größere Seen wie den Schlachten- oder den Grunewaldsee. Natur pur. Ideal zum Joggen mit viel Zeit.

S-Bahnhof Grunewald

Tempelhofer Feld

Dank des stillgelegten Flughafens Tempelhof mixt dieser Ort urbanes Flair mit echter Natur. Im Sommer kann man hier nicht nur sein eigenes Beet anpflanzen, sondern auch ausgiebig joggen, radfahren, Inline-Skaten oder sonstige Sportarten ausprobieren.

Tempelhofer Damm 106, Tempelhof

STUE SPA

Ausflüge & Erholung

RAUS AUS BERLIN? MUSS NICHT SEIN!
ENTSPANNTE STRANDBARS,
CHARMANTE CAFÉS UND GROSSZÜGIGE
PARKS MACHEN DIE STADT IM SOMMER
EINFACH UNWIDERSTEHLICH.

MIT BERLIN IST es ja so: Nur wer hier lebt, darf über die Stadt meckern. Besucher sollen sich mit Kritik bitte möglichst zurückhalten. Denn dieses Privileg obliegt nur jenen, die zumindest einen langen, grauen Winter hier durchgestanden haben. Aber dann, wenn im Frühling die ersten Sonnenstrahlen den Rücken wärmen, die Blumen in den unzähligen Parks vorsichtig ihre Häupter gen Himmel recken, bald darauf die Kirschbäume in einem leuchtenden Rosa und Weiß erstrahlen und die Uferböschungen im saftigen Grün versinken, dann haben wir auch schon wieder vergessen, warum wir je an unserer Liebe zu Berlin gezweifelt haben. Ist der Frühling einmal da, geht es Schlag auf Schlag. Die Stadt versprüht plötzlich so ein südländischs Flair wie Barcelona oder Rom. Alles spielt sich draußen ab. Die Mädels schälen sich aus ihren schweren Wintermänteln, luftige Kleidchen und bunte Shorts kommen zum Vorschein. Eine erfrischende Leichtigkeit wird an den Tag gelegt. Kleine Grüppchen sitzen an den *Ufern des Urbanhafens* in Kreuzberg bei einem Bier zusammen, andere schleppen ihre Grills oder Picknickkörbe in den *Volkspark Friedrichshain* oder in den *Monbijou Park* in Mitte. Oder man trifft sich bei Sonnenuntergang auf der *Modersohnbrücke* in Friedrichshain, um den Ausblick auf den goldglänzenden Fernsehturm zu genießen. Sportliche rasen mit ihren Skateboards, Inlinern, Fahrrädern und Kites über die Landebahnen des ehemaligen *Tempelhofer Flughafens* oder man geht es ganz gemütlich an und legt sich mit einem Buch auf eine der Wiesen in der *Hasenheide* oder im *Park am Gleisdreieck*.

Restaurants und Cafés, die keine Terrasse haben, werden kaum Gäste anziehen. Die Deckchairs und Bierbänke in den Strandbars wie dem *Club der Visionäre* in Treptow oder der *Strandbar Mitte* und Biergärten wie der *Prater* in Prenzlauer Berg oder das *Café am Neuen See* im Tiergarten werden ausgepackt. Und die Badetasche sicherheitshalber schon in der Früh vor der Arbeit eingepackt. Denn man weiß ja nie, ob einen am Abend nicht doch noch die Lust packt, zum *Plötzensee* zu radeln oder sich im legendären *Prinzenbad* (*Prinzenstraße 113-119, Kreuzberg*), wo sich ein herrlicher Querschnitt aus allen Bewohnern Kreuzbergs tummelt, zu erfrischen. Oder im *Arena Badeschiff* (*Eichenstraße 4, Treptow*) mit echtem Beach-Feeling, sommerlichen Tunes und Sonnenuntergang hinter der Oberbaumbrücke, vielleicht aber auch im *Freibad im Humboldthain* (*Wiesenstaße 1, Wedding*).

Einen Grund, die Stadt am Wochenende zu verlassen, gibt es demnach eigentlich nicht. Wer aber dennoch mal einen richtigen Tapetenwechsel braucht, packt sein Fahrrad – das am meisten geliebte und unentbehrlichste Fortbewegungsmittel der Berlinerin – in die S- oder Regionalbahn und lässt die Stadt hinter sich. Die Auswahl an kühlen Gewässern, herrlicher Natur und historischen Stätten rund um Berlin ist ausufernd. Es gibt unglaublich viel zu entdecken. Vielleicht schreckt die Berlinerin ja auch die Qual der Wahl davor ab, die Hauptstadt zu verlassen: Gleich vor den Toren Berlins liegt *Potsdam* mit seinen Schlössern und Gärten. Im Norden dann die *Uckermark* mit ihren Rad- und Wanderwegen und wunderschönen Seen, wo sich schon so manch eine Berlinerin – darunter auch die Kanzlerin – ein Wochenenddomizil zugelegt hat. Der *Spreewald* im Süden ist ein Paradies für Naturliebhaber und Paddler. Immer bezaubernd ist auch das *Schloss Rheinsberg*, Kulisse für Kurt Tucholskys Erstlingswerk „Ein Bilderbuch für Verliebte". Und bei jedem Wetter einen Ausflug wert ist das *Bauhaus-Museum* in Dessau. Wer all das in einem Sommer nicht schafft, der kann ja schon mal für den nächsten planen. Denn der kommt – auch in Berlin – ganz bestimmt.

— LAURA SALM-REIFFERSCHEIDT

Ein- und Abtauchen

Perfekte Sommertage in Berlin kann man leider an der Hand abzählen, aber wenn es dann mal richtig heiß ist, fehlt es nicht an Möglichkeiten zum Abtauchen in- und außerhalb der Stadt:

Arena Badeschiff

Schwimmbad in der Spree mit Sand, Bar und Musik. Perfekte Sundowner-Location. Im November und Dezember verwandelt sich das Areal in ein Winterdorf mit Eisbahn, Märchenhütte und Markt.

Eichenstraße 4, Treptow, www.arena-berlin.de, Öffnungszeiten: Mai–September 8–24 Uhr, 5. November–23. Dezember 2015

Prinzenbad / Sommerbad Kreuzberg

Schwimmbad mit großen Liegewiesen. Hier erlebt man Kreuzberg pur.

Prinzenstraße 113–119, Kreuzberg, www.berlinerbaeder.de, Öffnungszeiten: vom 1.6. – 31.8. tägl. 7–20 Uhr, vom 1.9. – 14.9. tägl. 7–19 Uhr

Sommerbad Olympiastadion

Historische Kulisse für sportliche Schwimmer.

Olympischer Platz 3, Charlottenburg, www.berlinerbaeder.de, Öffnungszeiten: tägl. 7–20 Uhr

Schermützelsee

Rund 50 Kilometer östlich von Berlin liegt der traumhafte See mitten im Naturpark Märkische Schweiz, an dessen Ufern schon Bertolt Brecht und Theodor Fontane spazierten. Große Liegewiese und Bootsverleih. Wenn das Wetter nicht mitspielt, kann man um den See wandern oder das Museum im Brecht-Weigel-Haus besuchen.

Strandbad Buckow, Wriezener Straße 38, Buckow, Anfahrt: Mit Regionalbahn ab Berlin-Lichtenberg bis Müncheberg (Mark), dann in den Bus 928 nach Buckow (Märkische Schweiz) Markt steigen.

Liepnitzsee

Der nur acht Kilometer nördlich der Stadtgrenze gelegene See zählt zu den saubersten in der Region. Neben dem Strandbad am Westufer findet man noch immer kleine, einsame Badestellen rund um den See. Die bewaldete Insel Großer Werder in der Mitte des Sees mit dem gemütlichen Gartenlokal Insulaner Klause erreicht man mit einer Fähre.

Am Liepnitzsee, Wandlitz, Anfahrt: Mit der S-Bahn oder dem Regionalexpress bis Wandlitz oder Bernau und per Bus bis zur Waldsiedlung Bernau bei Berlin. Von dort sind es noch 10 Minuten zu Fuß zum See.

Langer See

Was als See bezeichnet wird, ist eigentlich ein Zufluss von der Dahme zur Spree. Das Wasser ist herrlich klar und nicht zu kalt. Eine attraktive Alternative zum nahe gelegenen und oft überlaufenen Müggelsee. Wer lieber für sich sein will, breitet sein Badetuch unter den Bäumen aus, die das Ufer säumen. Wer es ein wenig rummeliger haben möchte, besucht das Strandbad Grünau. Dort gibt es auch eine Salzgrotte und eine Sauna.

LANGER SEE

![BOTANISCHER GARTEN]

www.strandbad-gruenau.de, Anfahrt:
Mit der S- Bahn nach Grünau und dann
mit der Tram 68 bis Strandbad Grünau
oder Bammelecke

Für Abenteurer

Wer Sehnsucht nach Natur und Abenteuer hat, kann auf einem Floß über die Wasserstraßen und Seen der Schorfheide schippern. An Bord gibt es eine kleine wetterfeste Holzhütte, wo man auch übernachten kann, und an Deck stehen Liegestühle.
rentafloss, Seestraße 1, Ringsleben
bei Fürstenberg am Wentowsee,
info@rentafloss.de, www.rentafloss.de

Ein Haus im Wasser

Verleih von Hausbooten für kurze Trips und auch mehrtägige Ausflüge über Berlins Wasserstraßen zu smaragdgrünen Seen. Praktisch: Man kann gleich von Kreuzberg aus losstarten.
Wasserkutsche, Höfe am Osthafen/
Schlesische Straße 28, Kreuzberg,
Tel.: 030/12094719 & 0163/7777313,
www.wasserkutsche.com, Mo-Sa
10-12 Uhr, 18-20 Uhr

Schlemmen im Grünen

Picnic Berlin

Picknickliebhaber, die nicht selbst für Köstlichkeiten sorgen möchten, können sich einen reich gefüllten Korb bei Picnic Berlin auf dem Tempelhofer Feld holen. Einfach nach dem rot-weiß gestreiften Häuschen am Eingang Oderstraße Ausschau halten. Die stilvollen Körbe werden vom Team des Restaurants Vabrique in Kreuzberg (Ritterstraße 12) bestückt. Neben lauter Schmankerln bekommt man eine Zeitung und eine Decke dazu.
Tempelhofer Feld, Eingang Oderstraße
beim Werner-Seelenbinder-Sportpark,
Neukölln, Tel.: 0177/8973522,
www.picnic-berlin.com, Öffnungs-
zeiten: 1. Mai – 31. Oktober Di–So
12-21 Uhr

Julia Winkels

Inhaberin der Agentur BOLD

Ihre Agentur ist in Mitte. Was ist so besonders an diesem Bezirk?

Mitte ist der Mittelpunkt Berlins. Hier kann man eigentlich alles finden: Shopping-total, Restaurants, Parks und wunderschöne Wohngegenden. Meine PR-Agentur BOLD befindet sich auf der Torstraße – ein urbaner Ballungspunkt, der trotz Hektik und Lärm auf eine besondere Art und Weise anziehend ist.

Warum zieht Berlin so viele junge Menschen an?

Man ist hier noch relativ frei. Freigeister von überall auf der Welt kommen nach Berlin, um ihre Träume zu verwirklichen. Man hat hier eine Chance, gesehen zu werden, da viel Aufmerksamkeit auf Berlin liegt.

Wo kaufen Sie in Berlin Ihre Kleider ein?

Bei *Wood Wood* und *Acne*.

Was muss man als Berlinbesucherin gesehen haben?

Die Potsdamer Straße mit all den neuen Galerien wie *Circle Culture* und Shops wie *Andreas Murkudis* oder *Fiona Bennett*. Natürlich Berlins *Flohmärkte*, wie den am *Arkonaplatz* und im *Mauerpark* und auch den *Markt am Kollwitzplatz*. Die Galerien, Bars und Restaurants in der *Jüdischen Mädchenschule*. Und eines meiner Favorites ist die *Tempelhofer Freiheit*, das riesengroße Gelände des ehemaligen Flughafens.

Wood Wood – Rochstraße 4, Mitte / *Acne* – Weinmeisterstraße 2, Mitte / *Circle Culture Gallery* – Potsdamer Straße 68, Tiergarten / *Andreas Murkudis* – Potsdamer Straße 81e, Tiergarten / *Fiona Bennett* – Potsdamer Straße 81-83, Tiergarten / *Flohmarkt am Arkonaplatz* – Arkonaplatz, Prenzlauer Berg / *Flohmarkt am Mauerpark* – Bernauer Straße 63-64, Prenzlauer Berg / *Markt am Kollwitzplatz* – Kollwitzplatz, Prenzlauer Berg / *Jüdische Mädchenschule* – Augustraße 11-13, Mitte / *Tempelhofer Freiheit* – Tempelhof

EIN HUNDELEBEN IN DER STADT

Nicht umsonst ist Berlin Deutschlands Hundehauptstadt. Wer in der Stadt mit Vierbeiner unterwegs ist, erlebt die Berliner von ihrer besten Seite. Selten kommt man so schnell ins Gespräch und wird so herzlich begrüßt. Auch in den meisten Lokalen sind Hunde willkommen. Im *Muret la Barba* in Mitte (Rosenthaler Straße 61) gibt es immer frisches Wasser und gerne mal ein paar Leckerli für unsere Vizsla-Dame Otto. Auch im *Teehaus im Englischen Garten,* ein wunderschöner Teil des *Tiergartens* (Altonaer Straße 2), freut sich die Belegschaft über Hunde. Nach einem Glas Wein im reetgedeckten Restaurant oder einem Bier im dazugehörigen Biergarten kann man eine große Runde durch den Tiergarten drehen. Wer viel Zeit hat, sollte die Anfahrt in den Grunewald auf sich nehmen. Am Ufer des *Grunewald-* und des *Hundekehlensees* können Hunde frei herumlaufen und auch im Wasser schwimmen. (Anfahrt: Mit der S-Bahn S7 nach Grunewald oder der

U-Bahn U 3 zu Onkel Toms Hütte). Drei großzügige Hundeauslaufgebiete gibt es auch auf dem ehemaligen *Tempelhofer Flugfeld* (Eingänge über die Oderstraße, Tempelhofer Damm oder Columbiadamm). Aber nicht nur was den Auslauf anbelangt, kommen Hunde in Berlin auf ihre Kosten. Es gibt auch viele schöne Dinge für Vierbeiner. Die ausgefallensten und edelsten Accessoires gibt es bei *Feinspitz* in Mitte (Auguststraße 62). Etwas bodenständiger geht es im *Barfer's Wellfood* in Kreuzberg (Heimstraße 2) zu. Hier gibt es Frischfleisch und Trockensnacks aus hauseigener Produktion.

— JESSICA HAUPT & OTTO

TIPP: CAFÉ K AM GEORG KOLBE MUSEUM

1928 ließ sich der Berliner Bildhauer Georg Kolbe zwei nebeneinander liegende Gebäude am Rande des Grunewalds bauen. Heute steht das Ensemble unter Denkmalschutz. In dem einen Haus, dem ehemaligen Atelier des Künstlers, ist ein Museum untergebracht, im anderen ein bezauberndes Café. Umgeben ist alles von einer Gartenanlage mit Terrasse, Springbrunnen und Skulpturen. Regelmäßig finden auch Konzerte und Lesungen statt. Tipp: Samstags kann man Live-Pianomusik zum Frühstück genießen.

Sensburger Allee 26, Westend, Tel.: 030/30812275, info@cafe-k.com, www.cafe-k.com, Öffnungszeiten: Di–So 10–18 Uhr

HOTEL ZUR BLEICHE

Labyrinth aus Eiben und einem italienischen Renaissance-Garten. *Eisenacher Straße 99, Marzahn-Hellerdorf, Tel.: 030/700906699, www.gruen-berlin.de, Öffnungszeiten: tägl. ab 9 bis max. 20 Uhr im Sommer (kürzere Öffnungszeiten im restlichen Jahr)*

Für Design-Hungrige

Bauhaus in Dessau

Das Bauhaus in Dessau spielte eine wichtige Rolle in der Architektur- und Design-Geschichte des 20. Jahrhunderts. Als Hochschule für Gestaltung sorgte das Bauhaus für eine Revolution des künstlerischen und architektonischen Denkens. Das Bauhaus-Haus und die Meisterhäuser sollte man unbedingt im Zuge einer Führung besuchen. Die Anfahrt mit dem Zug dauert 1,5 Stunden ab Berlin, aber der Ausflug lohnt sich. *Gropiusallee 38, Dessau-Roßlau, Tel.: 0340/6508250, service@bauhaus-dessau.de, www.bauhaus-dessau.de, Öffnungszeiten: Bauhausgebäude Mo-So 9-18 Uhr, Ausstellung Mo-So 10-17 Uhr*

Luxuriöse Erholung

Wellness-Hotel Zur Bleiche

Das luxuriöse Wellness-Hotel Zur Bleiche liegt im Herzen des traumhaften Spreewaldes etwa eineinhalb Stunden südöstlich Berlins und schenkt einem die Ruhe, nach der man sich nach ein paar durchgefeierten Nächten in Berlin sehnt. Das geschmackvoll eingerichtete Haus bietet alles von Massagen und Kosmetik über Heilwannenbäder, Dampfbad bis hin zu wunderschönen Innen- und Außenpools. *Zur Bleiche Resort & Spa, Bleichestraße 16, Burg im Spreewald, Tel.: 035603/620, reservierung@hotel-zur-bleiche.com, www.hotel-zur-bleiche.de*

Hafenküche

Das schick eingerichtete Restaurant ist ein schöner Zwischenstopp für eine Radtour entlang der Spree nach Köpenick. Von der Terrasse aus hat man einen herrlichen Blick auf die Spree. Wer lieber auf dem Fluss entlangschippern möchte, mietet sich einfach eines der Elektroboote *(www.spreeboote.de)*, die vor dem Lokal im Wasser liegen und holt sich einen Picknick-Korb von der Hafenküche. *Zur Alten Flussbadeanstalt 5, Lichtenberg, Tel.: 030/42219926, www.hafenkueche.de, Öffnungszeiten: Mo-Fr ab 10 Uhr, Sa & So ab 9 Uhr*

Für Botaniker

Botanischer Garten

Wer Pflanzen und Blumen liebt, kommt am Botanischen Garten in Dahlem nicht vorbei. Auch im Herbst und Winter eine Freude, um exotische Gewächse in den wunderschönen alten Gewächshäusern zu bewundern. *Königin-Luise-Straße 6-8, Dahlem, Tel.: 030/83850100, www.bgbm.org, Öffnungszeiten: tägl. ab 9 bis max. 21 Uhr im Hochsommer (kürzere Öffnungszeiten im restlichen Jahr)*

Gärten der Welt

Eine riesige Anlage mit neun Themengärten aus aller Welt wie dem größten chinesischen Garten Europas, einem

Ingrid Kritscher
—
Kreativdirektorin & Markenberaterin
—

Ihre Shopping-Tipps?

Ich mag Berliner Designer wie *Thone Negrón, Issever Bahri, Reality Studio* und *DSTM*. Ich bin ein großer Fan des *Monki* Ladens und des *Weekday* Stores. Ich mag auch den *Commes des Garçon Pocket Store*, weil man dort gut beraten wird. Der *Voo Store*, dessen Konzept ich entworfen habe, entstand übrigens aus der Idee, den entspannten, coolen Berlin-Stil einzufangen. Mein Berliner Lieblingskosmetiklabel ist *Uslu Airlines*. Die Produkte gibt es in einigen ausgewählten Shops. Wer auf der Suche nach ungewöhnlichen High Fashion Beauty-Produkten ist, wird bei *Jacks Beauty Department* fündig.

Und wo gibt es schöne Kindersachen?

Ein toller Kinderladen, in dem ich oft für unseren Sohn einkaufe, ist *Winzig und Klein*. Die Sachen sind etwas Besonderes und nicht nur hellblau und rosa. Empfehlenswert ist auch der *Tiny Store*. Mein Herz schlägt höher, wenn ich im internationalen Kinderbuchladen *Mundo Azul* stehe.

Wie halten Sie sich fit?

Sport ist mein perfekter Ausgleich zu einem stressigen Büroalltag. Seit einigen Jahren mache ich Bikram Yoga. Ich liebe es zu joggen – auf dem Feld vom *Flughafen Tempelhof* oder im *Tiergarten*. Vor Kurzem habe ich mit Crossfit beim *Crossfitwerk* angefangen. Manchmal frage ich mich, was mich zu diesem Wahnsinn trieb, denn es ist die totale Verausgabung.

Thone Negrón – Linienstraße 71, Mitte / *DSTM* – Torstraße 161, Mitte / *Monki* – Münzstraße 20, Mitte / *Weekday* – Friedrichstraße 140, Mitte / *Comme des Garçons Pocket Store* – Linienstraße 115, Mitte / *Voo Store* – Oranienstraße 24, Kreuzberg / *Jacks Beauty Department* – Kastanienallee 19, Prenzlauer Berg / *Winzig und Klein* – Veteranenstraße 24, Mitte / *Tiny Store* – Schröderstraße 14, Mitte / *Mundo Azul* – Choriner Straße 49, Prenzlauer Berg / *Bikram Yoga Berlin-Mitte* – Krausnickstraße 23, Mitte / *Tempelhofer Freiheit* – Tempelhof / *Tiergarten* – Tiergarten / *Crossfitwerk* – Gerichtstraße 23, Wedding

HOTELS

25 Hours Hotel Bikini Berlin

Dschungel-Feeling kommt auf in den tropisch bewachsenen Zimmern mit Panoramafenstern. Traumhaft ist der Blick über den Zoo auch von der Sauna, der Dachterrasse, dem Restaurant und der Bar des Hotels im denkmalgeschützten Bikini-Haus. Dazu gibt es noch eine eigene Bäckerei mit Holzofen und einen Kiosk des Gestalten Verlags im Wohnzimmer des Hotels.
DZ AB 90 EURO/NACHT
Budapester Straße 40, Tiergarten,
Tel.: 030/120221255,
www.25hours-hotels.com

Das Stue

Zeitgenössisches Design in historischem Ambiente bietet das unaufdringlich luxuriöse Boutique-Hotel, das direkt am Zoo und am Tiergarten liegt. So kann man morgens vom Frühstücksraum aus die Strauße beobachten oder eine Runde durch den Park joggen.
DZ AB CA. 190 EURO/NACHT
Drakestraße 1, Tiergarten,
Tel.: 030/3117220, www.das-stue.com

Hotel Bleibtreu

In einer der schönsten Straßen von Charlottenburg bietet das Bleibtreu individuell gestaltete und dennoch sehr bequeme Zimmer. Wohltat für Allergiker: Alle Möbel und Baustoffe sind aus Naturmaterialien gefertigt. Abends trifft man sich in der Blue Bar.
DZ AB CA. 80 EURO/NACHT
Bleibtreustraße 31, Charlottenburg,
Tel.: 030/884740, www.bleibtreu.com

Michelberger Hotel

Eine große Spielwiese für alle, die nicht weit der angesagten Clubs unterkommen und kein Vermögen für ein Hotelzimmer ausgeben wollen. Die Zimmer sind individuell eingerichtet und die Atmosphäre ist entspannt und freundlich.

DZ AB CA. 60 EURO/NACHT
Warschauer Straße 39-40,
Friedrichshain, Tel.: 030/29778590,
www.michelbergerhotel.com

Soho House

Schicke Zimmer, Apartments und Lofts können im legendären Privatclub Soho House bezogen werden. Auf dem Dach locken im Sommer ein Pool und eine Bar, im Winter sitzt man im Club Floor auf gemütlichen Sofas vor dem Kaminfeuer.
DZ AB CA. 110 EURO/NACHT
Torstraße 1, Mitte, Tel.: 030/4050440,
www.sohohouseberlin.com

APARTMENTS

Gorki Apartments

35 schick und individuell eingerichtete Apartments und zwei fantastische Penthouses in einem wunderschönen Gründerzeithaus. Einerseits hat man den Vorteil der Anonymität einer Privatwohnung, andererseits bietet das Team auch tollen Service wie Frühstückslieferung ins Apartment, Leihräder der finnischen Kultmarke Pelago, Kühlschrankservice und Buchungen.
APARTMENTS AB
CA. 115 EURO/NACHT
Weinbergsweg 25, Mitte,
Tel.: 030/48496480,
www.gorkiapartments.de

LINNEN

Lässige und zugleich elegante Apartments und Zimmer in verschiedenen Häusern in Prenzlauer Berg und Mitte. In der Eberswalder Straße gibt es das dazugehörige Café mit exzellentem Frühstück. Perfekte Lage, um die Stadt zu erobern und sich zwischendrin auszuruhen.
ZIMMER AB 74 EURO,
APARTMENT AB 130 EURO
Eberswalder Str. 35, Tel.: 030/
473 724 40, www.linnenberlin.com

vabali
premium spa · berlin

DIE SAUNA-OASE IN BERLIN

EINE KLEINE BEZIRKSKUNDE

Charlottenburg/Wilmersdorf – Die Zeiten sind vorbei, als man schon allein bei dem Wort West-Berlin das Staubtuch zückte. Der Westen ist wieder angesagt. Man trinkt Champagner im *Grosz* und freut sich über das neu eröffnete *Bikini-Haus* am Bahnhof Zoo.

Mitte – Das hippe Volk kann gar nicht genug schimpfen über Mitte. Nur um dann doch immer wieder mit der U8 aus Kreuzberg und Neukölln dorthin zu fahren. Die Linie gilt daher auch als die wichtigste Achse Berlins für alle Kreativen. Denn ganz ohne die Gegend rund um die Auguststraße kommen sie nicht aus. Nach ein paar Stunden im *Kaffeemitte* oder *Monsieur Vuong* haben sie auch wieder genügend Klatsch aufgesaugt, um zum Arbeiten und Feiern nach Hause zu fahren.

Kreuzberg – Wahrscheinlich gibt es derzeit kein entspannteres Viertel in Berlin als Kreuzberg. Die Nacht kann man hier an jedem Wochentag in einer Schraddelbar zubringen und mit einem Döner beenden. Alle sind hier wahnsinnig aufgeschlossen. Die Ärztin mit Perlenohrringen wohnt hier neben der Yoga-Lehrerin auf Selbstfindungstrip.

Neukölln – Kreuzberg hat eine junge, coole Schwester bekommen: das einst verruchte Neukölln. Vor allem an der Weserstraße reihen sich süße Cafés und coole Bars aneinander. Das hat sich mittlerweile sogar weltweit herumgesprochen. Keine spanische Austauschstudentin oder New Yorker Malerin, die was auf sich hält, will woanders wohnen.

Prenzlauer Berg – Verspottet und belächelt wird der Prenzlauer Berg von den Vorreitern der Szene. Die Bewohner sind in Wahrheit froh darüber, denn ihre wilden Zeiten haben sie hinter sich. Im Winter kann man hier mit einer Woolrich-Jacke und Ugg-Boots nichts falsch machen. Im Sommer ist egal, was man trägt, denn die Nachbarn sind eh alle gerade in Brandenburg, um dort ihre Höfe zu restaurieren.

Friedrichshain – Eigentlich gehört es dazu, sich über die immer gleichen Frühstücksbuffets auf der Simon-Dach-Straße lustig zu machen. Doch plötzlich kommen Kinder und die Wohnung wird zu klein. Oft bleibt nichts anderes mehr übrig als Friedrichshain. Während die Mütter ihre Kinderwagen rund um den Boxhagener Platz schieben, unterhalten sie sich dann darüber, dass die Pubcrawler aus England im Viertel mühsamer sind als die Punks. Und dass es in Wahrheit hier ja viel gemütlicher sei als gedacht.

Schöneberg – Herrliche Wohnungen, gute Bars, tolle Parks. Es ist alles da in Schöneberg, was die Großstädterin braucht. Und trotzdem finden die meisten Besucher dort nur hin, wenn ihre Übernachtungsmöglichkeit zufällig in dem Viertel liegt. Vielleicht weil Schöneberg einfach schon immer da war. Nie richtig schlecht war, und daher in Berlin auch nie richtig groß werden konnte.

Tiergarten – Wenn ein Viertel Berlins gerade wirklich am Kommen ist, dann ist es Tiergarten. An der Potsdamer Straße eröffnet eine Galerie nach der anderen. Der Westen holt nach Jahren des Schattendaseins gegenüber dem Osten auf. Davon profitiert Tiergarten, der genau in der Mitte liegt.

Wedding – Doch, doch, der Wedding ist das nächste hippe Viertel in Berlin. So in etwa hört man das gefühlt seit zehn Jahren. Und wird es vermutlich auch weiterhin hören. Woran das liegt, ist schwer zu sagen. Die Voraussetzungen sind da, aber am Ende ist der Wedding vielen doch immer noch eine Spur zu weit weg von allem anderen. Kein Grund, um darum beim Berlin-Besuch einen Bogen darum zu machen. Vielleicht ist Berlin dort noch am ehrlichsten. – VIKTORIA SOLMS

Sightseeing
www.visitberlin.de

TOUREN
www.ausfahrtwedding.de
www.berliner-unterwelten.de
www.nicheberlin.de
www.berlin-erkundungen.de
www.ansichtssachen-berlin.de
www.berlin-entdecken.de
www.berlinonbike.de
www.berlinagenten.com
www.berliner-autoren-fuehrungen.de

BOOT
www.sternundkreis.de
www.bwsg-berlin.de
www.reederei-riedel.de
www.schiffskontor.de

BUS
www.berlin-city-tour.de
www.top-tour-sightseeing.de
www.bex.de/sightseeing.html

Tickets
www.berlin-welcomecard.de
www.citytourcard.com
www.eventim.de

Veranstaltungen & Partys
www.tip-berlin.de
www.zitty.de
www.berlin030.de
www.berlin-programm.de
www.mitvergnuegen.com
www.sugarhigh.de
www.bpigs.com
www.berlinartlink.com
www.museumsportal-berlin.de

Verkehrsmittel
ÖFFENTLICHE VERKEHRSMITTEL
www.bvg.de
www.vbb.de

TAXIS
Taxi Funk Berlin, Tel.: 030/443322,
www.taxi443322.de
Taxi Berlin, Tel.: 030/202020,
www.taxi-berlin.de

FAHRRAD & RIKSCHAS
Berlin Rikscha Tours,
Tel.: 0163/3077297,
www.berlin-rikscha-tours.de
Bike Taxi,
Tel.: 030/93958346, www.biketaxi.de
Mietrad Mitte,
Tel.: 0176/39302565,
www.mietradmitte.de

NICOLE ADLER

ist seit zwölf Jahren als Modejournalistin und Autorin für Magazine und Tageszeitungen tätig. U. a. als Ressortleiterin folgender Medien: *Diva* (1998–2005), *Kurier* (2005–2011) und *Maxima* (seit 2011) sowie Editor at Large *Flair Beautyressort* (bis 2013) und Herausgeberin der City-Guide-Reihe „*For Woman Only*". Zahlreiche Projekte mit der Modeplattform „Unit F büro für mode" in den Bereichen Modefotografie, Magazin, Newcomer. Co-Herausgeberin des *Vienna Pocket Guide* und des *All Season Fashion Paper*. Designerin und Gründungsmitglied des Modelabels *Machu Piccu* (1990–1996).

LAURA SALM-REIFFERSCHEIDT

zog es nach ihrem Studium der Kulturwissenschaften in Passau für ein Volontariat bei der Axel Springer Journalistenschule nach Berlin. Dort arbeitet die Wienerin seitdem als freie Journalistin für Magazine und Zeitungen und schreibt Bücher (*Die Basare Istanbuls*, *Voodoo – Leben mit Göttern und Heilern in Benin* und *In/Visible*).

JULIA OSSKO

ging nach ihrem Designstudium in Berlin zu der *Fotokooperative Magnum* in Paris. Seitdem hat sie die Begeisterung für die Fotografie nicht mehr losgelassen. Als Galeristin arbeitete sie in Berlin und New York und auf Reisen lässt sie sich zu ihren Zeichnungen und Kollagen inspirieren. Am liebsten verbringt die gebürtige Münchnerin jedoch Zeit in ihrer Wahlheimat Berlin, der Stadt im ewigen Werden. Dort arbeitet sie heute als freie Bildredakteurin und Illustratorin.

Unser Dank geht an:

KOZVA RIGAUD
für Unterstützung und Beratung

—

MITRA FARAHMAND & SYLVIA GRUBER
für das wunderschöne Layout

—

JULIA OSSKO & EUGEN SCHULZ
für die inspirierenden Illustrationen

—

VIKTORIA SOLMS
für Redaktion

—

STEFANIE STABNO
für die Postproduktion

—

PETER RIGAUD
für das Porträt von Leyla Piedayesh

—

SANDRA SEMBURG
für das Porträt von Mia Abadi

. Bildnachweis

S. 6 Tina Herzl, S. 8 Kaviar Gauche, S. 11 Andreas Murkudis: Gonzalez-Haase,
S. 21 Kaviar Gauche: Enrico Frignani, S. 37 Un Autre Voodoo, S. 38 Peter Rigaud c/o Shotview
Syndication, S. 41 Fiona Bennett: Joachim Gern, S. 43 Sandra Semburg c/o Shotview Syndication,
S. 47 Bazar Noir, S. 55 The District Six Store, S. 85 Dr To's: Leif Henrik Osthoff, S. 90 Sarah Wiener
GmbH: Christian Kaufmann, S. 101 u. Katz Orange: Juliane Spate, S. 106 Princess Cheesecake:
Kate Otto, S. 108 Maxim Gorki Theater: Esra Rotthoff, S. 111/ 117 Katja Hentschel,
S. 124 Michelsberger Hotel, S. 131 Helmut Newton/Monica Bellucci, S. 132 Stefan Korte,
S. 134 Staatliche Museen zu Berlin: Bernd Weingart, S. 138 Staatliche Museen zu Berlin,
S. 160 Staatsoper Berlin: Ruth Walz, Clärchen und Matthias Baus, S. 163 Thomas Aurin,
S. 164 Diethild Meier, S. 167 Berliner Ensemble: Martin Walz, Ilse Ritter, Samuel Finzi,
S. 167 Maxim Gorki Theater: Thomas Auren, S. 170 Bernd Uhlig, S. 174/175 Richard Hübner,
Dirk Michael Deckbar, Andreas Teich, Alexander Janetzko, Sandra Weller @Berlinale 2014,
S. 177 Ute Langkafel, S. 178 Vielen Dank an Ana Finel Honigman, S. 198 Carl Gierstorfer

Bibliografische Information der Deutschen Nationalbibliothek
Die Deutsche Nationalbibliothek verzeichnet diese Publikation in der
Deutschen Nationalbibliografie; detaillierte bibliografische Daten
sind im Internet über http://dnb.d-nb.de abrufbar.

2. Auflage, 2016

Graphic Design: Mitra Farahmand & Sylvia Gruber
Fotografie & Illustrationen: Julia Ossko & Eugen Schulz
Postproduktion: Stefanie Stabno
Lektorat: Cornelie Kister / satzbau Textagentur
Vermarktung: Vogel Corporate Media GmbH, Berlin
Projektleitung: Edith A. Weinlich

Papier: Munken Polar 120 g/m²
Gedruckt in der EU

ISBN 978-3-85033-803-5

Christian Brandstätter Verlag
GmbH & Co KG
A-1080 Wien, Wickenburggasse 26
Telefon (+43-1) 512 15 43-0, Telefax (+43-1) 512 15 43-231
E-Mail: info@cbv.at, www.cbv.at